ऋणजल धनजल

ऋणजल धनजल

फणीश्वरनाथ रेणु

राजकमल प्रकाशन

ISBN : 978-81-267-0945-8

मूल्य : ₹ 395

पहला संस्करण : 1977
नौवाँ संस्करण : 2023

प्रकाशक : राजकमल प्रकाशन प्रा.लि.
1-बी, नेताजी सुभाष मार्ग, दरियागंज
नई दिल्ली-110 002
शाखाएँ : अशोक राजपथ, साइंस कॉलेज के सामने, पटना-800 006
पहली मंजिल, दरबारी बिल्डिंग, महात्मा गांधी मार्ग, प्रयागराज-211 001
वेबसाइट : www.rajkamalprakashan.com
ई-मेल : info@rajkamalprakashan.com

मुद्रक : विकास कंप्यूटर एंड प्रिंटर्स
ट्रॉनिका सिटी-201 102

RINJAL DHANJAL
Reportage by Fanishwar Nath Renu

ऋणजल धनजल

प्रकाशकीय

यह सच, एक दुखद सच है कि रेणु जी की भौतिक काया निःशेष हो चुकी है, लेकिन साथ-ही-साथ, यह भी सच है कि रेणु जी हमारे बीच आज भी मौजूद हैं—अपने सम्मोहक व्यक्तित्व से जुड़ी स्मृतियों के रूप में, जो समय-असमय हमारे मन को झकझोरती और भारी कर जाती हैं; तथा उन अक्षर-कृतियों के रूप में, जो हमारे लिए और आनेवाली पीढ़ियों के लिए भी प्रेरणा का अक्षय स्रोत बनी रहेंगी।

रेणु जी की यह कृति—*ऋणजल धनजल*—कई दृष्टियों से ऐतिहासिक महत्त्व रखती है। पहली और मुख्य बात, कि बाढ़ और सूखे की दो अभूतपूर्व दुर्घटनाओं का यह ऐतिहासिक दस्तावेज है, और दूसरी, कि इसके प्रकाशन की पूरी रूपरेखा तय करने के साथ-साथ इसका नामकरण तक उन्होंने स्वयं किया था, और इसके लिए पन्द्रह-बीस पृष्ठों की एक भूमिका लिख चुकने की सूचना भी उन्होंने दी थी। किन्तु, दुर्योगवश, वह महत्त्वपूर्ण भूमिका हमें उपलब्ध नहीं हुई और उसी बीच सहसा उन्होंने हमेशा-हमेशा के लिए आँखें मूँद लीं।

रेणु जी के जीवनकाल में यह पुस्तक प्रकाशित नहीं हो सकी, इसकी कचोट हमें हमेशा रहेगी। और, अब यह पुस्तक उनकी उस भूमिका के बगैर ही प्रकाशित हो रही है, यह दुहरा दुख भी उस कचोट में शामिल हो गया है।

यह एक मूल्यवान धरोहर थी रेणु जी की, जिसे अब हम पाठकों के हाथ में दे रहे हैं। रेणु जी के प्रति हमारी यह मूक श्रद्धांजलि है।

श्रद्धांजलि

कवि की यात्राएँ : रघुवीर सहाय
समग्र मानवीय दृष्टि : निर्मल वर्मा

कवि की यात्राएँ

रघुवीर सहाय

फणीश्वरनाथ 'रेणु' उन गिने-चुने लोगों में से थे जिनसे एक बार मिलने के बाद फिर उनके बारे में और कुछ जानना रह नहीं जाता। प्रेम से भरा व्यक्तित्व कभी रहस्यमय बना रह सकता है ? उससे तो हर बार मिलने पर ऐसा लगता है कि जहाँ पिछली बार छोड़ा था उससे आगे शुरू कर रहे हैं—ऐसा नहीं कि हर बार नए सिरे से जानना पड़ रहा है।

व्यक्ति सम्पूर्ण कहाँ होता है, केवल कम या ज्यादा सम्पूर्ण होता है। रेणु कम-से-कम इतने सम्पूर्ण थे कि हर परिवेश और हर सन्दर्भ में उनके मौलिक लक्षण एक ही रहते थे, रागानुराग के आरोह-अवरोह से उनका ठाठ नहीं बिगड़ता था। वह जैसा सोचते थे वैसा बोलते थे और जैसा बोलते थे वैसा लिखते थे—और फिर जब उसको पढ़ो तो लगता था कि रेणु बोल रहे हैं।

रेणु के लेखन की इस विशेषता की ओर कम आलोचकों का ध्यान गया है, यद्यपि यह इतनी स्पष्ट है कि इधर ध्यान दिलाने की ज़रूरत नहीं पड़नी चाहिए थी। हो सकता है कि अत्यन्त स्पष्ट होने के कारण ही यह विशेषता, विशेषता न मानी गई हो।

जैसा हिन्दी आलोचना-जगत् का स्वभाव रहा है, विलक्षणता और विचित्रता

खोजकर उससे चौंकाने को आतुर सहृदयों ने रेणु की शैली को आंचलिक कहकर अपने को नागर जताने का प्रयत्न किया था। पर वह उनके अपने व्यक्तित्व की, न आंचलिक न नागर, बल्कि विश्वसनीय अभिव्यक्ति है। आंचलिक-जैसी कोई शैली सा विषयवस्तु भी होती है, यह मानना राजनैतिक केन्द्रीकरण के वज़न पर किसी सार्वदेशिक साहित्य के दम्भ की प्रतिष्ठा करना है।

रेणु ने दूसरों में ऐसे किसी दम्भ को कभी इतना महत्त्वपूर्ण नहीं पाया कि या तो जवाब में कोई आंचलिक मुद्रा अपनाते या तथाकथित महानगरी साहित्य की नक़ल करने लगते। उनके लिए लोग ही सत्य थे—वहाँ तक सत्य जहाँ तक वह उन्हें जानते थे और उनसे एक हो सकते थे—चाहे वे कहीं के रहनेवाले हों। यह आस्था उनमें आजीवन बनी रही। मृत्यु से कुछ दिन पहले 15 और 16 मार्च को अस्पताल में दो बार उनसे लम्बी बातचीत हुई थी : तब वह कह रहे थे कि लोकसभा-चुनाव में जनता पार्टी जीतकर आ गई तो हमलोगों को और अधिक काम करना पड़ जाएगा—अन्याय के प्रति सतत असहमति का और समाजवाद के विचार के विकास का काम आज (आपात-काल) से भी तब अधिक आवश्यक हो जाएगा। उन्हें बहुत-सी बातें, बहुत-से लोग याद आ रहे थे। यह कोई नई बात न थी, और न यही कहा जा सकता है कि इस प्रकार के संस्मरणों पर किसी आगामी आशंका की छाया मँडरा रही थी। नहीं, वह वैसे ही सहज भाव से अपनी जेल-यात्राएँ याद कर रहे थे जैसा मैंने उनके मुख पर 1974 में देखा था। उन्होंने हँसकर कहा : एक ज़माने में क्रान्तिकारी जेल जाता था, तपेदिक का मरीज़ होता था और प्रेम करता था। मैंने इससे भी अधिक किया। ये तीनों करके विवाह भी किया। फिर ललक कर बोले : दिनमान लिए एक धारावाहिक संस्मरण-माला लिखूँगा—'मेरी प्रणय-कहानी'। वह ऑपरेशन से हमेशा के लिए अच्छे हो जाने को आतुर थे और उसके बाद यही संस्मरण लिखना नहीं, 1974 की जेलयात्रा में 'मैला आँचल' और 'परती परिकथा' के अपने पात्रों से कैसे दोबारा भेंट हुई, इसकी कहानी लिखने के पुराने वायदे को पूरा करना चाह रहे थे। उनके भीतर लोग-ही-लोग जाग रहे थे, चल रहे थे, गा रहे थे और उन्हीं लोगों के बीच वह स्वयं खड़े हुए थे, अपनी युवावस्था के प्रवर्तक अनुभव-प्रेमविवाह की किंचित् विनोदभरी स्मृति से मग्न, परन्तु आत्म-केन्द्रित नहीं।

उन्हें अपने भीतर की करुणा और न्यायप्रियता पर सहज विश्वास था कि वह—कवि की एकमात्र पूँजी—अपने-आपको सूद-दर-सूद बढ़ाती रहेगी। न कोई शास्त्र उनका सम्बल था न कोई मतवाद, यहाँ तक कि वह भक्तिभाव भी नहीं जो उन्होंने परम्परा से दान में पाया था; बल्कि उसको तो झकझोरकर ही वह कुछ

लिख पाते थे, या कहें कि उसको झकझोरने के लिए ही वह लिखते थे।

उनके लेखन में अपूर्व वर्णनशक्ति है और वह सिवाय उतनी ही अपूर्व पर्यवेक्षण-शक्ति के और कहाँ से आ सकती है ? वह चारों ओर जो कुछ देखते हैं उसके ब्यौरे उनके लिए रमणीय होते हैं पर लिखने के लिए स्मृति में रखने योग्य ब्यौरों का चुनाव करते समय वे निर्ममता से बहुत-से ब्यौरों को रद्द करते जाते होंगे, यह उनके अद्वितीय चयन से ही प्रकट है। यह दुर्लभ गुण उन्हें उन तमाम हिन्दी-लेखकों से ऊँचे स्थान पर ला बिठाता है जो ब्यौरों को घटिया लोगों का रोज़गार और उपदेश को, अथवा दार्शनिकता को, श्रेष्ठ साहित्यिक कर्म मानते हैं। रेणु का देखना एक ही साथ बाहर और भीतर दोनों ओर होता है। यही उनके ब्यौरों को अर्थ दे जाता है : अलग से अर्थ गढ़कर बनाने की ज़रूरत तो उन्हें होती ही नहीं, सीधे शब्दों से उलथा करके बताना भी उनकी शैली में अनावश्यक हो जाता है।

इस तरह रेणु अपनी किस्म के एक सन्देशवाहक हैं। वह जिसका सँदेसा लाते हैं उसके-जैसे हुए बिना ला नहीं सकते और जब वह उसके-जैसे होने की कोशिश करते हैं, यानी जहाँ उन्हें कोशिश करनी पड़ती है, तो वह उस कोशिश को छिपाते नहीं-जैसे सितारवादक सितार की और उसकी सुन्दरियों पर चलनेवाले हाथ को नहीं छिपाता, जबकि हाथ नहीं स्वर ही उसका प्रेय है (यह झलक सूखा-वृत्तान्त में मिलेगी)। उनमें अपनी रचना-प्रक्रिया के प्रति यह विश्लेषणात्मक रुझान आधुनिक कवि का है जो अपने परिवेश से सम्बन्ध इस स्वीकार के साथ बनाता है कि कोई बना-बनाया सम्बन्ध नहीं है, न किसी बने-बनाए सम्बन्ध की घोषणा कर देने से ही वह बन जाएगा। जहाँ परिवेश से यह सम्बन्ध अपेक्षया कम प्रयत्नसाध्य होता है वहाँ वह अकारण आधुनिकता का दावा करने के लिए उसका विस्फीत प्रदर्शन नहीं करते। 1975 के भय और आतंक में पटना की बाढ़ में अपने घर में नज़रबन्द रेणु को सूखा क्षेत्र में जाने की तरह का और नए चेहरों में अपना चेहरा पहचानने का प्रयत्न नहीं करना पड़ता, पर वह जहाँ हैं वहीं से जाते बहुत दूर-दूर तक हैं। मनुष्य, पशु-पक्षी, जो भी चलता दिखता है उसके साथ-साथ जाते हैं। उनमें बिना अपना चेहरा पहचाने उनका लेखक पूर्ण नहीं होता चाहे वह घर से बाहर न निकले हों और अजनबियों के बीच न गए हों।

रेणु के जो दो वृत्तान्त यहाँ प्रकाशित हैं, एक प्रकार से उनके रचना-जगत् की एक अद्भुत घटना के प्रमाण हैं। एक में जहाँ उन्हें देश पार कर कहीं जाना पड़ा है वह काल में अपने भीतर गए बिना अपूर्ण रहते हैं, दूसरे में जहाँ देश का संक्रमण नहीं होता वहाँ काल में उनकी यात्रा अनिवार्य हो गई है। तभी न कहा

है कि रेणु एक सम्पूर्ण व्यक्ति हैं।

दोनों वृत्तान्तों में नौ वर्ष का अन्तर है (इस-बीच उन्होंने 'दिनमान' में एक और संस्मरणमाला, नेपाल-क्रान्ति के अपने अनुभवों को लेकर प्रकाशित की थी)। लेखक के मन में अपने कवि-मानस की निरन्तरता की इच्छा का अनुमान हम इसी से कर सकते हैं कि उन्होंने यह संकलन तैयार करते हुए ऊपर से देखने पर दैवी परन्तु, वास्तव में मानवकृत संकटों के अपने नौ वर्ष पहले और बाद के अनुभवों को अन्तर्युक्त माना। रेणु ने अकाल-जैसे सामाजिक अनुभव में बैठकर 1966 के पहले भी कुछ-न-कुछ लिखा था, किन्तु अवश्य ही निरी किताब बनाना उनका उद्‌देश्य न था। किसी ईमानदार लेखक के लिए किताब की संरचना भी उतनी ही सृजनात्मक होती है जितनी उसमें या अन्यत्र संकलित उसकी रचनाएँ हैं और 'ऋणजल' और 'धनजल' को एक साथ रखने में निश्चय ही रेणु का कोई रचनात्मक प्रयोजन रहा होगा—निरा शब्द-चमत्कार नहीं।

रेणु इस संकलन की एक भूमिका लिख रहे थे या लिख चुके थे। गाँव से फरवरी '76 के एक पत्र में उन्होंने प्रकाशक को बताया था कि पन्द्रह-बीस पृष्ठ की वह भूमिका रवाना की जा रही है, "जिस दिन भूमिका लिखने बैठा, चास नाला खदान की अभूतपूर्व दुर्घटना घट गई...भूमिका में 15 जनवरी '34 के भूकम्प से लेकर अब तक के दैवी प्रकोपों के (जिन्हें याद करके रोंगटे खड़े हो जाते हैं) छुटपुट संस्मरण हैं...मैंने अपनी इन रचनाओं को 'जुर्नल' कहा है।" वह भूमिका कभी प्राप्त नहीं हुई। इससे हम रेणु के रचना-प्रक्रिया-जगत् में बैठकर अनुमान ही लगा सकते हैं कि किस कलात्मक कारण से उन्होंने इस पुस्तक की सृष्टि की होगी। वह कारण बहुत करके यही रहा होगा कि इन दो वृत्तान्तों में वह भीतर से बाहर और बाहर से भीतर की अपनी मानस-यात्राओं का रचनात्मक अन्तर्सम्बन्ध देख पाए थे। इन लेखों में कहानी, कविता या नाटक उस रूप में विद्यमान नहीं है जिसमें साहित्यिक व्याख्याता उन्हें देखने के आदी हो चुके हैं पर इनमें ये सब हैं और यह प्रमाण भी है कि कोई रपट भी उतनी सर्जनात्मक हो सकती है जितनी वह रचना, जो रपट नहीं है—बशर्ते कि लेखक अपने व्यक्तित्व के प्रति सजग हो।

समग्र मानवीय दृष्टि

निर्मल वर्मा

मुझे याद है। वह एक लम्बा जुलूस था, जो इमरजेंसी से कुछ महीने पहले दिल्ली में निकाला गया था। जयप्रकाश जी सबसे आगे थे। हज़ारों लोग उनके पीछे उमड़े आ रहे थे। देश के कोने-कोने से लोग जुलूस में शामिल होने आए थे। मैं चलते-चलते अपनी पाँत भूल बैठा और अजनबियों के एक जत्थे में चला आया। साथ चलनेवाले सज्जन से पूछा कि वह कहाँ से आए हैं ? 'बिहार से,' उन्होंने कहा और तब तुरन्त बिना कुछ सोचे हुए मैं उनसे पूछ बैठा, 'रेणु जी भी आए हैं ?' उन्होंने गद्‌गद् दृष्टि से मुझे देखा। 'नहीं, वह बीमार हैं। आ नहीं सके। आप उन्हें जानते हैं ?'

मैं चुपचाप उनके साथ चलने लगा। आप उन्हें जानते हैं ?—यह प्रश्न बहुत देर तक मेरे भीतर गूँजता रहा। मैं उनसे केवल दो-तीन बार मिला था, पर आज भी मैं आँखें मूँदकर उनका चेहरा-हू-ब-हू याद कर सकता हूँ—उनके लम्बे झूलते बाल, एक संक्षिप्त-सी मुस्कराहट, जो सहज और अभिजात सौजन्य में भीगी रहती थी। कुछ लोगों में एक राजसी, 'अरिस्टोक्रेटिक' गरिमा होती है, जिसका ऊँचे या नीचे वर्ग से सम्बन्ध नहीं होता—वह सीधे संस्कारों से सम्बन्ध रखती है। रेणु जी में यह अभिजात भाव एक 'ग्रेस' की तरह व्याप्त रहता था। किन्तु जिस चीज़

ने सबसे अधिक मुझे अपनी तरफ खींचा वह उनका उच्छल हल्कापन था। वह छोटे-छोटे वाक्यों में संन्यासियों की तरह बोलते थे और फिर शरमाकर हँसने लगते थे। उनका 'हल्कापन' कुछ वैसा ही था जिसके बारे में चेखव ने एक बार कहा था, ''कुछ लोग जीवन में बहुत भोगते-सहते हैं-ऐसे आदमी ऊपर से बहुत हल्के और हँसमुख दिखाई देते हैं। वे अपनी पीड़ा दूसरों पर नहीं थोपते, क्योंकि उनकी शालीनता उन्हें अपनी पीड़ा का प्रदर्शन करने से रोकती है।''

रेणु ऐसे ही 'शालीन' व्यक्ति थे। पता नहीं ज़मीन की कौन-सी गहराई से उनका हल्कापन ऊपर आता था। यातना की कितनी परतों को फोड़कर उनकी मुस्कराहट में बिखर जाता था—यह जानने का मौक़ा कभी नहीं मिल सका।

वह अब नहीं हैं, मेरे लिए यह अब भी एक अख़बारी अफ़वाह है, जिस पर मैं विश्वास नहीं कर पाता। उनकी मृत्यु अभी तक मेरे लिए सत्य नहीं बनी है। मुझे हैरानी होती है कि उनकी बार-बार की बीमारी की ख़बर मुझे इस भयानक ख़बर के लिए तैयार नहीं कर पाई। हम कुछ मित्रों की बीमारी के इतने अभ्यस्त हो जाते हैं जैसे उनकी कुछ जानी-पहचानी आदतों के-मृत्यु से उनका सम्बन्ध बिठाना असम्भव और असहनीय जान पड़ता है। मुझे अपना दुख भी असम्भव जान पड़ता है। जिस व्यक्ति को केवल दो-तीन बार देखा था उसके न रहने से मुझे अपनी लिखने की दुनिया इतनी सूनी और सुनसान जान पड़ने लगेगी, मैंने कभी ऐसा नहीं सोचा था।

अब सोचता हूँ तो समझ में आता है, हमारी चीज़ों को चाहे बहुत कम लोग पढ़ें किन्तु हम लिखते बहुत कम लोगों के लिए हैं। मैं जिन लोगों को ध्यान में रखकर लिखता था उनमें रेणु सबसे प्रमुख थे। मैं हमेशा सोचता था, पता नहीं मेरी यह कहानी, यह लेख, उपन्यास पढ़कर वह क्या सोचेंगे। यह ख़्याल ही मुझे कुछ छद्म और छिछला, कुछ दिखावटी लिखने से बचा लेता था। कुछ लोग हमेशा हम पर सेंसर का काम करते हैं—सत्ता का सेंसर नहीं, जिसमें भय और धमकी छिपी रहती है—किन्तु एक ऐसा सेंसर, जो हमारी आत्मा और 'कांशस', हमारे रचना-कर्म की नैतिकता के साथ जुड़ा होता है। रेणु जी का होना, उनकी उपस्थिति ही एक अंकुश और वरदान थी। जिस तरह कुछ साधु-संतों के पास बैठकर ही असीम कृतज्ञता का अहसास होता है, हम अपने भीतर धुल जाते हैं, स्वच्छ हो जाते हैं, रेणु जी की मूक उपस्थिति हिन्दी साहित्य में कुछ ऐसी ही पवित्रता का बोध कराती थी।

वह समकालीन हिन्दी साहित्य के संत लेखक थे।

यहाँ मैं संत शब्द का उसके सबसे मौलिक और प्राथमिक अर्थों में इस्तेमाल

कर रहा हूँ—एक ऐसा व्यक्ति जो दुनिया की किसी चीज़ को त्याज्य और घृणास्पद नहीं मानता—हर जीवित तत्त्व में पवित्रता और सौन्दर्य और चमत्कार खोज लेता है—इसीलिए नहीं कि वह इस धरती पर उगनेवाली कुरूपता, अन्याय, अँधेरे और आँसुओं को नहीं देखता, बल्कि इन सबको समेटनेवाली अबाध प्राणवत्ता को पहचानता है; दलदल को कमल से अलग नहीं करता, दोनों के बीच रहस्यमय और अनिवार्य रिश्ते को पहचानता है। सौन्दर्य का असली मतलब मनोहर चीज़ों का रसास्वादन नहीं, बल्कि गहरे अर्थ में चीज़ों के पारस्परिक सार्वभौमिक, दैवी रिश्ते को पहचानना होता है—इसलिए उसमें एक असीम साहस और विवेक तथा विनम्रता छिपी रहती है। इस अर्थ में हर संत-व्यक्ति अपनी अन्तर्दृष्टि में कवि और हर कवि अपने सृजनात्मक कर्म में संत होता है। रेणु जी का समूचा लेखन इस रिश्ते की पहचान है, इस पहचान की गवाही है और यह गवाही वह सिर्फ़ अपने लेखन में ही नहीं, ज़िन्दगी के नैतिक फ़ैसलों, न्याय और अन्याय, सत्ता और स्वतन्त्रता की संघर्ष-भूमि में भी देते हैं।

रेणु जी की इस पहचान में सौन्दर्य की नैतिकता उतनी ही महत्त्वपूर्ण है जितनी नैतिक अन्तर्दृष्टि की संवेदना। दोनों के भीतर एक रिश्ता है, जिसके एक छोर पर 'मैला आँचल' है, तो दूसरे छोर पर है जयप्रकाश जी की सम्पूर्ण क्रान्ति। दोनों अलग-अलग नहीं हैं—वे एक ही स्वप्न, एक लालसा, एक 'विज़न' के दो पहलू हैं। एक-दूसरे पर टिके हैं। कलात्मक 'विजन' और क्रान्ति दोनों की पवित्रता उनकी समग्र दृष्टि में निहित है, सम्पूर्णता की माँग करती है : एक ऐसी सम्पूर्णता, जो समझौता नहीं करती, भटकती नहीं, सत्ता के टुकड़ों पर या कोरे सिद्धान्तों की आड़ में अपने को दूषित नहीं करती। वह एक ऐसा मूल्य है जो खुली हवा में साँस लेता है और इसलिए अन्तिम रूप से पवित्र और सुन्दर और स्वतन्त्र है।

यह आकस्मिक नहीं था कि रेणु जी की इस समग्र मानवीय दृष्टि को अनेक जनवादी और प्रगतिवादी आलोचक सन्देह की दृष्टि से देखते थे—कैसा है यह अजीब लेखक, जो गरीबी की यातना के भीतर भी इतना रस, संगीत इतना आनन्द छक सकता है, सूखी-परती ज़मीन के उदास मरुस्थल में सुरों, रंगों और गंधों की रासलीला देख सकता है। सौन्दर्य को बटोर सकता है, आँसुओं को परखता है, किन्तु उसके भीतर से झाँकती धूल-धूसरित मुस्कान को देखना नहीं भूलता—एक सौन्दर्यवादी की तरह नहीं, जो सुन्दरता को अन्य जीवित तत्त्वों से अलग करके उनका रसास्वादन करता है। रेणु एथीस्ट नहीं थे। किन्तु वह हाय-हाय करते, छाती पीटते प्रगतिशील लोगों के आडम्बर से बहुत दूर थे, जो मनुष्यों की यातना को

उसके समूचे जीवन से अलग करके अपने सिद्धान्तों की लेबोरेटरी में एक रसायन की तरह इस्तेमाल करते हैं। कितनी बड़ी विडम्बना थी कि मार्क्सवादी आलोचक, जिन्हें सबसे पहले रेणु जी के महत्त्व को पहचानना था, अपने थोथे नारों में इतना आत्मलिप्त हो गए कि जनवादिता की दुहाई देते हुए सीधे अपनी नाक के नीचे जीवन्त जनवादी लेखक की अवहेलना करते रहे। किन्तु यहाँ मैं ग़लत हूँ। यह विडम्बना नहीं थी। यह एक ऐसी दृष्टि की भयानक परिणति थी जो एक तरफ़ अपने को प्रगतिशील घोषित करता था, दूसरी तरफ़ बिहार के जन-आन्दोलन को फ़ासिस्ट और जयप्रकाश जी को देशद्रोही करार कर सकती थी : वह दृष्टि, जो शब्दों के साथ इतना सिनिकल ढंग से बलात्कार कर सकती है, यदि रेणु जी को प्रतिगामी, सौन्दर्यवादी लेखक प्रमाणित करने की कोशिश करे तो हमें क्षोभ अवश्य हो, आश्चर्य नहीं होना चाहिए।

रेणु जी ने बहुत निकट से मनुष्य की पीड़ा, मजबूरी और गरीबी को देखा था, इसलिए वह उसके साथ कोई सैद्धान्तिक खिलवाड़ नहीं कर पाते थे। साहित्य में वह ऐसी उम्र में आए थे जब अनेक लेखक बहुत-सी किताबें लिख चुके होते हैं। वह अपने साथ अनुभवों की पूरी सम्पदा लाए थे। ये अनुभव उनके उपन्यासों में इतने ताज़े और तात्कालिक जान पड़ते हैं कि लगता है कि जैसे उनके पात्रों में मिट्‌टी के ज़र्रे चिपके हैं, जिन्हें अभी-अभी उन्होंने धरती से निकालकर अपनी कथाओं में पिरोया है। उन्होंने जिस सूक्ष्म संवेदना और गहरे लगाव से बिहार के एक अंचल पूर्णिया की ज़मीन को कुरेदा था, उसके फैलाव को महीन और मांसल छवियों में ध्वनित किया था, उसके लिए गद्य की भाषा को अप्रत्याशित रूप से काव्यात्मक मुहावरे में ढाला था—वह हिन्दी उपन्यास में अभूतपूर्व घटना थी। अभूतपूर्व इस अर्थ में नहीं कि उनसे पूर्व किसी अन्य लेखक ने अपने गाँव या क्षेत्र पर उपन्यास नहीं लिखे थे। अनेक कथाकारों का नाम लिया जा सकता है, जिन्होंने उनसे पहले भी आंचलिक उपन्यास लिखे थे। रेणु का स्थान यदि अपने पूर्ववर्ती और समकालीन आंचलिक कथाकारों से अलग और विशिष्ट है तो वह इसमें है कि आंचलिक उनका सिर्फ़ परिवेश था, उसके भीतर बहती जीवनधारा स्वयं अपने अंचल की सीमाओं का उल्लंघन, करती थी। रेणु का महत्त्व उनकी आंचलिकता में नहीं, आंचलिकता के अतिक्रमण में निहित है। बिहार के एक छोटे भूखंड की हथेली पर उन्होंने समूचे उत्तरी भारत के किसान की नियति-रेखा को उजागर किया था। यह रेखा किसान की किस्मत और इतिहास के हस्तक्षेप के बीच गुँथी हुई थी, जहाँ गांधी जी का सत्याग्रह आन्दोलन, सोशलिस्ट पार्टी के आदर्श, किसान सभाओं की मीटिंगें अलग-अलग धागों से रेणु का संसार बुनती

हैं। सैकड़ों पात्र आते हैं, जाते हैं—उनकी गति, उनका ठहराव, उनकी ऊहापोह और आत्मसंघर्ष एक पूरी इमेज़ हम पर अंकित कर जाता है। सिनेमा के परदे पर हम जैसे आइन्स्टाइन की फ़िल्मों में व्यक्ति और समूह, चलती हुई भीड़ में स्तब्ध चेहरे और अनेक का गत्यात्मक द्वन्द्व, हलचल और तनाव देखते हैं; बिलकुल जैसे पूर्णिया के परदे पर उसकी पीठिका में हम भारतीय ग्रामवासी और इतिहास के बीच मुठभेड़ और टकराव की गड़गड़ाहट सुनते हैं। एक ऐसा क्षण आता है जब पात्र और पीठिका में कोई अन्तर नहीं रहता—दोनों एक-दूसरे में इतना गुँथ जाते हैं कि मनुष्य, धरती और इतिहास के बीच सीमाएँ धुल-सी जाती हैं किन्तु आपसी मुठभेड़ से जो बिजली चमकती है, बिहार के अवसन्न, धूलभरे आकाश में जो चिनगारी कौंधती है, रेणु ने कैमरे की आँखों से उसे अपनी जीवन्त फड़फड़ाती तात्कालिकता में पकड़ने की कोशिश की थी।

यह अद्‌भूत ड्रामा था ! शायद ही किसी हिन्दी उपन्यासकार ने उपन्यास की 'नेरेटिव' परम्परा को झिंझोड़कर उसे प्रेमचन्दीय ढाँचे से बाहर निकालकर इतना नाटकीय, इतना लचीला, इतना काव्यात्मक बनाया था जितना रेणु ने। और यह नाटकीयता, यह कविता अलंकारमय और कृत्रिम नहीं थी, क्योंकि परम्पराग्रस्त किसान और आधुनिक ऐतिहासिक आन्दोलन के बीच जिस मुठभेड़ को रेणु ने अपना विषय बनाया था उसमें पहले से ही बारूदी नाटकीय विद्यमान थे। उनमें सिर्फ़ दियासलाई लगाने की देर थी।

रेणु ने जिस तीली से किसान के उदास, धूल-धूसरित क्षितिज में छिपी नाटकीयता को आलोकित किया था उसी तीली से हिन्दी के परम्परागत यथार्थवादी उपन्यास के ढाँचे को भी एकाएक ढहा दिया था। मेरे विचार में यह रेणु की अविस्मरणीय देन और उपलब्धि है। 'मैला आँचल' और 'परती परिकथा' महज़ उत्कृष्ट आंचलिक उपन्यास नहीं हैं, वे भारतीय साहित्य में पहले उपन्यास हैं जिन्होंने अपने जमित ढंग से, झिझकते हुए भारतीय उपन्यास को एक नई दिशा दिखाई थी, जो यथार्थवादी उपन्यास के ढाँचे से बिलकुल भिन्न थी। उन्होंने उपन्यास की नेरेटिव, कथ्यात्मक परम्परा को तोड़ा था—उसे अलग-अलग 'एपीसोड' में बाँटा था, जिन्हें जोड़नेवाला धागा कथा का सूत्र नहीं, परिवेश का ऐसा लैंडस्केप था जो अपनी आत्यंतिक लय में उपन्यास को रूप और फॉर्म देता है। रेणु जी के यहाँ समय में बँधी घटनाएँ नहीं, ऊबड़-खाबड़ ज़िन्दगियों की यह लय, यह स्पंदन उपन्यास के हिस्सों को एक-दूसरे से जोड़ता है। रेणु जी पहले कथाकार थे जिन्होंने भारतीय उपन्यास की जातीय सम्भावनाओं की तलाश की थी; शायद सजग रूप से कहीं; शिल्प और सिद्धान्त के स्तर पर तो अवश्य ही नहीं;

बल्कि एक ऐसे रचनात्मक स्तर पर जहाँ ज़िन्दगी का कच्चा माल स्वयं कलाकार के हाथों अपने प्राण, जो फॉर्म का दूसरा काम है, खींच लेता है, ताकि वह एक नए खुले, मुक्त ढाँचे में साँस ले सके। फॉर्म की असली उपलब्धि इसी प्राणवत्ता में निहित है—बाकी सब प्रश्न तकनीकी और शिल्प के हैं। आलोचक की बहस का विषय ज़रूर हों, कथाकार का उनसे कोई नाता नहीं।

मैं रेणु जी की मृत्यु को असामयिक नहीं कहूँगा। हर मृत्यु एक तरह से असामयिक होती है, क्योंकि ज़िन्दगी का कारोबार किसी बिन्दु पर पूरा नहीं होता, किन्तु खास इस दौर में—इमरजेंसी की यातना के बाद उनका अचानक हमारे बीच से चला जाना बहुत क्रूर और असहनीय जान पड़ता है। यह उनकी विजय का क्षण था और वह नहीं हैं !

बाढ़ : 1975

कुत्ते की आवाज़

मेरा गाँव ऐसे इलाके में जहाँ हर साल पश्चिम, पूरब और दक्षिण की—कोशी, पनार, महानन्दा और गंगा की—बाढ़ से पीड़ित प्राणियों के समूह आकर पनाह लेते हैं, सावन-भादो में ट्रेन की खिड़कियों से विशाल और सपाट धरती पर गाय, बैल, भैंस, भेड़, बकरों के हज़ारों झुंड-मुंड देखकर ही लोग बाढ़ की विभीषिका का अन्दाज़ लगाते हैं।

परती क्षेत्र में जन्म लेने के कारण अपने गाँव के अधिकांश लोगों की तरह मैं भी तैरना नहीं जानता। किन्तु दस वर्ष की उम्र से पिछले साल तक—ब्वॉय स्काउट, स्वयंसेवक, राजनीतिक कार्यकर्त्ता अथवा रिलीफ़वर्कर की हैसियत से बाढ़-पीड़ित क्षेत्रों में काम करता रहा हूँ। और लिखने की बात ? हाई स्कूल में बाढ़ पर लेख लिखकर प्रथम पुरस्कार पाने से लेकर—'धर्मयुग' में 'कथादशक' के अन्तर्गत बाढ़ की पुरानी कहानी को नए पाठ के साथ प्रस्तुत कर चुका हूँ। जय गंगा (1947), डायन कोशी (48) हड्डियों का पुल (48) आदि छुटपुट रिपोर्ताज़ के अलावा मेरे कई उपन्यासों में बाढ़ की विनाश-लीलाओं के अनेक चित्र अंकित हुए हैं। किन्तु गाँव में रहते हुए बाढ़ से घिरने, बहने, भँसने और भोगने का अनुभव कभी नहीं हुआ। वह तो पटना शहर में 1967 में ही हुआ, जब अट्ठारह घंटे की अविराम वृष्टि के कारण पुनपुन का पानी राजेन्द्रनगर, कंकड़बाग तथा

अन्य निचले हिस्सों में घुस आया था। अर्थात् बाढ़ को मैंने भोगा है, शहरी आदमी की हैसियत से। इसलिए इस बार जब बाढ़ का पानी प्रवेश करने लगा; पटना का पश्चिमी इलाका छाती-भर पानी में डूब गया तो हम घर में ईंधन, आलू, मोमबत्ती, दियासलाई, सिगरेट, पीने का पानी और कांपोज़ की गोलियाँ जमाकर बैठ गए और प्रतीक्षा करने लगे।

सुबह सुना, राजभवन और मुख्यमन्त्री-निवास प्लवित हो गया है। दोपहर में सूचना मिली, गोलघर जल से घिर गया है ! (यों, सूचना बँगला में इस वाक्य से मिली थी–"जानो ! गोलघर डूबे गेछे !") और पाँच बजे जब कॉफ़ी हाउस जाने के लिए (तथा शहर का हाल मालूम करने) निकला तो रिक्शेवाले ने हँसकर कहा–"अब कहाँ जाइएगा ? कॉफ़ी हाउस में तो 'अबले' पानी आ गया होगा !"

"चलो, पानी कैसे घुस गया है, वही देखना है," कहकर हम रिक्शा पर बैठ गए। साथ में नई कविता के एक विशेषज्ञ व्याख्याता-आचार्य-कवि मित्र थे, जो मेरी अनवरत अनर्गल-अनगढ़ गद्यमय स्वगतोक्ति से कभी बोर नहीं होते (धन्य हैं !)।

मोटर, स्कूटर, ट्रैक्टर, मोटरसाइकिल, ट्रक, टमटम, साइकिल, रिक्शा पर और पैदल लोग पानी देखने जा रहे हैं, लोग पानी देखकर लौट रहे हैं। देखने वालों की आँखों में, जुबान पर एक ही जिज्ञासा–'पानी कहाँ तक आ गया है ?' देखकर लौटते हुए लोगों की बातचीत–"फ्रेज़र रोड पर आ गया ! आ गया क्या, पार कर गया। श्रीकृष्णपुरी, पाटलिपुत्र कॉलोनी, बोरिंग रोड, इंडस्ट्रियल एरिया का कहीं पता नहीं...अब भट्टाचार्जी रोड पर पानी आ गया होगा !...छाती-भर पानी है। विमेंस कॉलिज के पास 'डुबाव-पानी' है।...आ रहा है !...आ गया !!...घुस गया...डूब गया...बह गया !"

हम जब कॉफ़ी हाउस के पास पहुँचे, कॉफ़ी हाउस बन्द कर दिया गया था। सड़क के एक किनारे एक मोटी डोरी की शक्ल में गेरुआ-झाग-फेन में उलझा पानी तेज़ी से सरकता आ रहा था। मैंने कहा–"आचार्य जी, आगे जाने की ज़रूरत नहीं। वह देखिए– आ रहा है...मृत्यु का तरल दूत !"

आतंक के मारे दोनों हाथ बरबस जुड़ गए और सभय प्रणाम-निवेदन में मेरे मुँह से कुछ अस्फुट शब्द निकले (हाँ, मैं बहुत कायर और डरपोक हूँ !)।

रिक्शावाला बहादुर है। कहता है–"चलिए न-थोड़ा और आगे !"

भीड़ का एक आदमी बोला–"ए रिक्शा, करेंट बहुत तेज़ है। आगे मत जाओ !"

मैंने रिक्शावाले से अनुनय-भरे स्वर में कहा–"लौटा ले भैया। आगे बढ़ने की

ज़रूरत नहीं।''

रिक्शा मोड़कर हम 'अप्सरा' सिनेमा-हॉल (सिनेमा-शो बन्द !) के बगल से गांधी मैदान की ओर चले। पैलेस होटल और इंडियन एयर लाइंस दफ़्तर के सामने पानी भर रहा था। पानी की तेज़ धार पर लाल-हरे 'नियन' विज्ञापनों की परछाइयाँ सैकड़ों रंगीन साँपों की सृष्टि कर रही थीं। गांधी मैदान की रेलिंग के सहारे हज़ारों लोग खड़े देख रहे थे। दशहरा के दिन रामलीला के 'राम' के रथ की प्रतीक्षा में जितने लोग रहते हैं उससे कम नहीं थे...गांधी मैदान के आनन्द-उत्सव, सभा-सम्मेलन और खेल-कूद की सारी स्मृतियों पर धीरे-धीरे एक गैरिक आवरण आच्छादित हो रहा था। हरियाली पर शनैः-शनैः पानी फिरते देखने का अनुभव सर्वथा नया था।

कि इसी बीच एक अधेड़, मुस्टंड और गँवार ज़ोर-ज़ोर से बोल उठा—''ईह ! जब दानापुर डूब रहा था तो पटनियाँ बाबू लोग उलटकर देखने भी नहीं गए...अब बूझो !''

मैंने अपने आचार्य-कवि मित्र से कहा—''पहचान लीजिए। यही है वह 'आम आदमी', जिसकी खोज हर साहित्यिक गोष्ठियों में होती रहती है। उसके वक्तव्य में 'दानापुर' के बदले 'उत्तर बिहार' अथवा कोई भी बाढ़ग्रस्त ग्रामीण क्षेत्र जोड़ दीजिए...''

शाम के साढ़े सात बज चुके और आकाशवाणी के पटना-केन्द्र से स्थानीय समाचार प्रसारित हो रहा था। पान की दुकानों के सामने खड़े लोग चुपचाप, उत्कर्ण होकर सुन रहे थे...

''...पानी हमारे स्टूडियो की सीढ़ियों तक पहुँच चुका है और किसी भी क्षण स्टूडियो में प्रवेश कर सकता है।''

समाचार दिल दहलानेवाला था। कलेजा धड़क उठा। मित्र के चेहरे पर भी आतंक की कई रेखाएँ उभरी। किन्तु हम तुरन्त ही सहज हो गए; यानी चेहरे पर चेष्टा करके सहजता ले आए, क्योंकि हमारे चारों ओर कहीं कोई परेशान नज़र नहीं आ रहा था। पानी देखकर लौटे हुए लोग आम दिनों की तरह हँस-बोल रहे थे; बल्कि आज तनिक अधिक ही उत्साहित थे। हाँ, दुकानों में थोड़ी हड़बड़ी थी। नीचे के सामान ऊपर किए जा रहे थे। रिक्शा, टमटम, ट्रक और टेंपों पर सामान लादे जा रहे थे। ख़रीद-बिक्री बन्द हो चुकी थी। पानवालों की बिक्री अचानक बढ़ गई थी। आसन्न संकट से कोई प्राणी आतंकित नहीं दिख रहा था।

...पानवाले के आदमक़द आईने में उतने लोगों के बीच हमारी ही सूरतें 'मुहर्रमी' नज़र आ रही थीं। मुझे लगा, अब हम यहाँ थोड़ी देर भी ठहरेंगे तो वहाँ

खड़े लोग किसी भी क्षण ठठाकर हम पर हँस सकते थे—'ज़रा इन बुज़दिलों का हुलिया देखो ?' क्योंकि वहाँ ऐसी ही बातें चारों ओर से उछाली जा रही थीं—"एक बार डूब ही जाए !...धनुष्कोटि की तरह पटना लापता न हो जाए कहीं !...सब पाप धुल जाएगा...चलो, गोलघर के मुँडेरे पर ताश की गड्डी लेकर बैठ जाएँ... विस्कोमान बिल्डिंग की छत पर क्यों नहीं ?...भई, यही माक़ूल मौका है। इनकम टैक्सवालों क़ो ऐन इसी मौके पर काले कारबारियों के घर पर छापा मारना चाहिए। आसामी बा-माल..."

राजेन्द्रनगर चौराहे पर 'मैगजिन कॉर्नर' की आख़िरी सीढ़ियों पर पत्र-पत्रिकाएँ पूर्ववत् बिछी हुई थीं। सोचा, एक सप्ताह की खुराक एक ही साथ ले लूँ। क्या-क्या ले लूँ ?...हेडली चेज़, या एक ही सप्ताह में फ्रेंच जर्मन सिखा देनेवाली किताबें, अथवा 'योग' सिखानेवाली कोई सचित्र किताब ? मुझे इस तरह किताबों को उलटते-पलटते देखकर दुकान का नौजवान मालिक कृष्णा पता नहीं क्यों मुस्कराने लगा। किताबों को छोड़ कई हिन्दी-बंगला और अँगरेज़ी सिने पत्रिकाएँ लेकर लौटा। मित्र से विदा होते हुए कहा—"पता नहीं, कल हम कितने पानी में रहें।...बहरहाल, जो कम पानी में रहेगा वह ज़्यादा पानी में फँसे मित्र की सुधि लेगा।"

फ़्लैट में पहुँचा ही था कि 'जनसम्पर्क' की गाड़ी भी लाउडस्पीकर से घोषणा करती हुई राजेन्द्रनगर पहुँच चुकी थी। हमारे 'गोलम्बर' के पास कोई भी आवाज़ चारों बड़े ब्लॉकों की इमारतों से टकराकर मँडराती हुई, चार बार प्रतिध्वनित होती है। सिनेमा अथवा लॉटरी की प्रचार गाड़ी यहाँ पहुँचते ही—'भाइयो' पुकारकर एक क्षण के लिए चुप हो जाती है। पुकार मँडराती हुई प्रतिध्वनित होती है—भाइयो...भाइयो... भाइयो.. ! एक अलमस्त जवान रिक्शाचालक है जो अक्सर रात के सन्नाटे में सवारी पहुँचाकर लौटते समय इस गोलम्बर के पास अलाप उठता है—'सुन मोरे बंधु रे-ए-ए...सुन मोरे मितवा-वा-वा-य...'

गोलम्बर के पास जन-सम्पर्क की गाड़ी से ऐलान किया जाने लगा—'भाइयो ! ऐसी सम्भावना है...कि बाढ़ का पानी...रात्रि के क़रीब बारह बजे तक...लोहानीपुर, कंकड़बाग...और राजेन्द्रनगर में...घुस जाए। अतः आप लोग सावधान हो जाएँ।'

(प्रतिध्वनि। सावधान हो जाएँ ! सावधान हो जाएँ !!...)

मैंने गृहस्वामिनी से पूछा—"गैस का क्या हाल है ?"

"बस, उसी का डर है। अब खत्म ही होनेवाला है। असल में सिलिंडर में 'मीटर-उटर' की तरह कोई चीज़ नहीं होने से कुछ पता नहीं चलता। लेकिन, अन्दाज़ है कि एक या दो दिन...कोयला है। स्टोव है। मगर किरासन एक ही

बोतल...''

''फ़िलहाल, बहुत है...बाढ़ का भी यही हाल है। मीटर-उटर की तरह कोई चीज़ नहीं होने से पता नहीं चलता कि कब आ धमके।''—मैंने कहा।

सारे राजेन्द्रनगर में 'सावधान-सावधान' ध्वनि कुछ देर गूँजती रही। ब्लॉक के नीचे की दुकानों से सामान हटाए जाने लगे। मेरे फ़्लैट के नीचे के दुकानदार ने पता नहीं क्यों, इतना काग़ज़ इकट्ठा कर रखा था। एक अलाव लगाकर सुलगा दिया। हमारा कमरा धुएँ से भर गया।

फ़ुटपाथ पर खुली चाय की झुग्गी दुकानों में सिगड़ियाँ सुलगी हुई थीं और यहाँ बहुत रात तक मंडली बनाकर ज़ोर-ज़ोर से बातें करने का रोज़ का सिलसिला जारी था। बात के पहले या बाद में बग़ैर कोई गाली जोड़े यहाँ नहीं बोला जाता—'गांधी मैदान (सरवा) एकदम लबालब भर गया...(अरे तेरी मतारी का) करंट में इतना जोर का फोर्स है कि (ससुरा) रिक्शा लगा कि उलटियै जाएगा...गाँजा फुरा गया का हो रामसिंगार ? चल जाए एक चिलम 'बालचरी-माल'—फिर यह शहर (बेट्चः) डूबे या उबरे।'

बिजली ऑफ़िस के 'वाचमैन साहेब' ने पच्छिम की ओर मुँह करके ब्लॉक नम्बर एक के नीचे जमी दूसरी मंडली के किसी सदस्य से ठेठ मगही में पूछा—''का हो ! पनियाँ आ रहलौ है ?''

ज़वाब में एक कुत्ते ने रोना शुरू किया। फिर दूसरे ने सुर में सुर मिलाया। फिर तीसरे ने। करुण आर्त्तनाद की भयोत्पादक प्रतिध्वनियाँ सुनकर सारी काया सिहर उठी। किन्तु एक साथ क़रीब एक दर्जन मानवकंठों से गालियों के साथ प्रतिवाद के शब्द निकले—''मार स्साले को। अरे चुप...चौप !'' (प्रतिध्वनि : चौप ! चौप ! चौप !!)

कुत्ते चुप हो गए। किन्तु आनेवाले संकट को वे अपने 'सिक्स्थ सेंस' से भाँप चुके थे...अचानक बिजली चली गई। फिर तुरत ही आ गई...शुक्र है !

भोजन करते समय मुझे टोका गया—''की होलो ? खाच्छो ना केन ?''

''खाच्छि तो...खा तो रहा हूँ।''—मैंने कहा—''याद है ! उस बार जब पुनपुन का पानी आया था तो सबसे अधिक इन कुत्तों की दुर्दशा हुई थी।''

हमें 'भाइयो ! भाइयो ! सम्बोधित करता हुआ जन-सम्पर्कवालों का स्वर फिर गूँजा। इस बार 'ऐसी सम्भावना है' के बदले 'ऐसी आशंका है' कहा जा रहा था। और ऐलान में 'ख़तरा' और 'होशियार' दो नए शब्द जोड़ दिए गए थे...आशंका ! खतरा ! होशियार...

रात के साढ़े दस-ग्यारह बजे तक मोटर-गाड़ियाँ, रिक्शे, स्कूटर, सायकिल

तथा पैदल चलनेवालों की 'आवाजाही' कम नहीं हुई। और दिन तो अब तक सड़क सूनी पड़ जाती थी !...पानी अब तक आया नहीं ? सात बजे शाम को फ्रेज़र रोड से आगे बढ़ चुका था।

"का हो रामसिंगार, पनियाँ आ रहलौ है ?"

"न आ रहलौ है।"

सारा शहर जगा हुआ है, पच्छिम की ओर कान लगाकर सुनने की चेष्टा करता हूँ...हाँ, पीरमुहानी या सालिमपुर-अहरा अथवा जनकिशोर-नवलकिशोर रोड की ओर से कुछ हलचल की आवाज़ आ रही है। लगता है, एक-डेढ़ बजे रात तक पानी राजेन्द्रनगर पहुँचेगा।

सोने की कोशिश करता हूँ। लेकिन नींद आएगी भी ? नहीं, कांपोज़ की टिकिया अभी नहीं। कुछ लिखूँ ? किन्तु क्या लिखूँ कविता ? शीर्षक–बाढ़ की आकुल प्रतीक्षा ? धत्त !

नींद नहीं, स्मृतियाँ आने लगीं–एक-एक कर। चलचित्र, के बेतरतीब दृश्यों की तरह !...

...1947...मनिहारी (तब पूर्णिया अब कटिहार ज़िला !) के इलाक़े में गुरु जी (स्व. सतीसनाथ भादुड़ी) के साथ गंगा मैया की बाढ़ से पीड़ित क्षेत्र में हम नाव पर जा रहे हैं। चारों ओर पानी ही पानी। दूर, एक 'द्वीप' जैसा बालूचर दिखाई पड़ा। हमने कहा, वहाँ चलकर ज़रा चहलक़दमी करके टाँगें सीधी कर लें। भादुड़ी जी कहते हैं–"किन्तु, सावधान !...ऐसी जगहों पर क़दम रखने के पहले यह मत भूलना कि तुमसे पहले ही वहाँ हर तरह के प्राणी शरणार्थी के रूप में मौजूद मिलेंगे" और सचमुच–चींटी-चींटे से लेकर साँप-बिच्छू और लोमड़ी-सियार तक यहाँ पनाह ले रहे थे...भादुड़ी जी की हिदायत थी–हर नाव पर 'पकाही घाव' (पानी में पैर की उँगलियाँ सड़ जाती हैं। तलवों में भी घाव हो जाता है।) की दवा, दियासलाई की डिबिया और किरासन तेल रहना चाहिए और, सचमुच हम जहाँ जाते, खाने-पीने की चीज़ से पहले 'पकाही घाव' की दवा और दियासलाई की माँग होती...1949...उस बार महानन्दा की बाढ़ से घिरे बापसी थाना के एक गाँव में हम पहुँचे। हमारी नाव पर रिलीफ़ के डॉक्टर साहब थे। गाँव के कई बीमारों को नाव पर चढ़ाकर कैंप में ले जाता था। एक बीमार नौजवान के साथ उसका कुत्ता भी 'कुँई-कुँई' करता हुआ नाव पर चढ़ आया। डॉक्टर साहब कुत्ते को देखकर 'भीषण भयभीत' हो गए और चिल्लाने लगे–"आ रे ! कुकुर नहीं, कुकुर नहीं...कुकुर को भगाओ !" बीमार नौजवान छपू-से पानी में उतर गया–"हमारा कुकुर नहीं जाएगा तो हम हुँ नहीं जाएगा।" फिर कुत्ता भी छपाक् पानी में

गिरा—'हमारा आदमी नहीं जाएगा तो हम हुँ नहीं जाएगा'...परमान नदी की बाढ़ में डूबे हुए एक 'मुसहरी' (मुसहरों की बस्ती) में हम राहत बाँटने गए। ख़बर मिली थी वे कई दिनों से मछली और चूहों को झुलसाकर खा रहे हैं। किसी तरह जी रहे हैं। किन्तु टोले के पास जब हम पहुँचे तो ढोलक और मँजीरा की आवाज़ सुनाई पड़ी। जाकर देखा, एक ऊँची जगह 'मचान' बनाकर स्टेज की तरह बनाया गया है। 'बलवाही' नाच हो रहा था। लाल साड़ी पहनकर काला-कलूटा 'नटुआ' दुलहिन का हाव-भाव दिखला रहा था; यानी, वह 'धानी' है। 'घरनी' धानी घर छोड़कर मायके भागी जा रही है और उसका घरवाला (पुरुष) उसको मनाकर राह से लौटाने गया है। घरनी कहती है—"तुम्हारी बहन की जुबान बड़ी तेज़ है। दिन-रात ख़राब गाली बकती रहती है और तुम्हारी बुढ़िया माँ बात के पहले तमाचा मारती है। मैं तुम्हारे घर लौटकर नहीं जाती।" तब घरवाला उससे कहता है, यानी गा-गाकर समझाता है—'चल गे धानी घर घुरी, बहिनिक देवै टाँग तोड़ी धानी गे, बुढ़िया के करवै घर से बा-हा-र' (ओ धानी, घर लौट चलो ! बहन के पैर तोड़ दूँगा और बुढ़िया को घर से बाहर निकाल दूँगा !) इस पद के साथ ही ढोलक पर द्रुत ताल बजने लगा—'धागिड़गिड़ धागिड़गिड़चकैके चकधुम चकैके चकधुम-चकधुम चकधुम !' कीचड़-पानी में लथपथ भूखे-प्यासे नर-नारियों के झुंड में मुक्त खिलखिलाहट लहरें लेने लगती है। हम रिलीफ़ बाँटकर भी ऐसी हँसी उन्हें दे सकेंगे क्या ! (शास्त्री जी, आप कहाँ हैं ? बलवाही नाच की बात उठते ही मुझे अपने परम मित्र भोला शास्त्री की याद हमेशा क्यों आ जाती है ? यह कभी बाद में !)...एक बार, 1937 में, सिमरवनी-शंकरपुर में बाढ़ के समय 'नाव' को लेकर लड़ाई हो गई थी। मैं उस समय 'बालचर' (ब्वाय स्काउट) था। गाँव के लोग नाव के अभाव में केले के पौधों का 'भेला' बनाकर किसी तरह काम चला रहे थे और वहीं सवर्ण जमींदार के लड़के नाव पर हारमोनियम-तबला के साथ 'झिझिर' (जल-विहार) करने निकले थे। गाँव के नौजवानों ने मिलकर उनकी नाव छीन ली थी। थोड़ी मारपीट भी हुई थी...और 1967 में जब पुनपुन का पानी राजेन्द्रनगर में घुस आया था, एक नाव पर कुछ सजे-धजे युवक और युवतियों की टोली-टोली किसी फ़िल्म में देखे हुए कश्मीर का आनन्द घर-बैठे लेने के लिए निकली थी। नाव पर स्टोव जल रहा था—केतली चढ़ी हुई थी, बिस्कुट के डिब्बे खुले हुए थे, एक लड़की प्याली में चम्मच डालकर एक अनोखी अदा से नेस्कैफ़े के पाउडर को मथ रही थी—'एस्प्रेसो' बना रही थी, शायद। दूसरी लड़की बहुत मनोयोग से कोई सचित्र और रंगीन पत्रिका पढ़ रही थी। एक युवक दोनों पाँवों को फैलाकर बाँस की लग्गी से नाव खे रहा था। दूसरा युवक पत्रिका पढ़नेवाली

लड़की के सामने, अपने घुटने पर कोहनी टेककर कोई मनमोहक 'डायलॉग' बोल रहा था। पूरे वॉल्युम में बजते हुए 'ट्रांज़िस्टर' पर गाना आ रहा था—'हवा में उड़ता जाए, मोरा लाल दुपट्टा मलमल का, हो जी हो जी !' हमारे ब्लाक के पास गोलम्बर में नाव पहुँची ही थी कि अचानक चारों ब्लाक की छतों पर खड़े लड़कों ने एक ही साथ किलकारियों, सीटियों, फब्तियों की वर्षा कर दी और इस गोलम्बर में किसी भी आवाज की प्रतिध्वनि मँडरा-मँडराकर गूँजती है। सो सब मिलाकर स्वयं ही जो ध्वनि-संयोजन हुआ उसे बड़े-से-बड़ा गुणी संगीत निर्देशक बहुत कोशिश के बावजूद नहीं कर पाते। उन फूहड़ युवकों की सारी 'एक्ज़िबिशनिज़्म' तुरत छूमंतर हो गई और युवतियों के रँगे लाल-लाल ओंठ और गाल काले पड़ गए। नाव पर अकेला ट्रांज़िस्टर था जो पूरे दम के साथ मुखर था—'नैया तोरी मँझधार, होश्यार होश्यार !'

"का हो रामसिंगार, पनियाँ आ रहलौ है ?"

"ऊँहूँ, न आ रहलौ है।"

ढाई बज गए, मगर पानी अब तक आया नहीं। लगता है कहीं अटक गया, अथवा जहाँ तक आना था आकर रुक गया, अथवा तटबन्ध पर लड़ते हुए इंजीनियरों की जीत हो गई शायद, या कोई दैवी चमत्कार हो गया ! नहीं तो पानी कहीं भी जाएगा तो किधर से ? रास्ता तो इधर से ही है...चारों ब्लाकों के प्रायः सभी फ़्लैटों की रोशनी जल रही है, बुझ रही है। सभी जगे हुए हैं। कुत्ते रह-रहकर सामूहिक रुदन शुरू करते हैं और उन्हें रामसिंगार की मंडली डाँटकर चुप करा देती है। चौप...चौप !

मुझे अचानक अपने उन मित्रों और स्वजनों की याद आई जो कल से ही पाटलिपुत्र कॉलोनी, श्रीकृष्णपुरी, बोरिंग रोड के अथाह जल में घिरे हैं...जितेन्द्र जी, विनीता जी, बाबू भैया, इंदिरा जी, पता नहीं कैसे हैं—किस हाल में हैं वे ! शाम को एक बार पड़ोस में जाकर टेलिफोन करने के लिए चोंगा उठाया—बहुत देर तक कई नम्बर डायल करता रहा। उधर सन्नाटा था एकदम। कोई शब्द नहीं—'टुंग फुंग' कुछ भी नहीं।

बिस्तर पर करवट लेते हुए फिर एक बार मन में हुआ, कुछ लिखना चाहिए। लेकिन क्या लिखना चाहिए ? कुछ भी लिखना सम्भव नहीं और क्या ज़रूरी है कि कुछ लिखा ही जाए ? नहीं। फिर स्मृतियों को जगाऊँ तो अच्छा...पिछले साल अगस्त में नरपतगंज थाना के चकरदाहा गाँव के पास छाती-भर पानी में खड़ी एक आसन्नप्रसवा हमारी ओर गाय की तरह टुकुर-टुकुर देख रही थी...

नहीं, अब भूली-बिसरी याद नहीं। बेहतर है, आँखें मूँदकर सफ़ेद भेड़ों के झुंड

देखने की चेष्टा करूँ...उजले-उजले, सफ़ेद भेड़...सफ़ेद भेड़ों के झुंड। झुंड...किन्तु सभी उजले भेड़ अचानक काले हो गए। बार-बार आँखें खोलता हूँ, मूँदता हूँ। काले को उजला करना चाहता हूँ। भेड़ों के झुंड भूरे हो जाते हैं। उजले भेड़...उजले भेड़...काले भूरे...किन्तु उजले...उजले...गेहुँए रंग के भेड़... !

"आई द्याखो—एसे गेछे जल !"—झकझोरकर मुझे जगाया गया।

घड़ी देखी, ठीक साढ़े पाँच बज रहे थे। सवेरा हो चुका था...आ रहलौ है ! आ रहलौ है पनियाँ। पानी आ गेलौ। हो रामसिंगार ! हो मोहन ! हो रामचन्नर—अरे हो...

आँखें मलता हुआ उठा,। पच्छिम की ओर, थाना के सामने सड़क पर मोटी डोरी की शक्ल में—मुँह में झाग-फेन लिए—पानी आ रहा है; ठीक वैसा ही जैसा शाम को कॉफ़ी हाउस के पास देखा था। पानी के साथ-साथ चलता हुआ, किलोल करता हुआ बच्चों का एक दल...उधर, पच्छिम-दक्षिण कोने पर—दिनकर अतिथिशाला से और आगे—भंगी बस्ती के पास बच्चे कूद क्यों रहे हैं ? नहीं, बच्चे नहीं, पानी है। वहाँ मोड़ है, थोड़ा अवरोध है—इसलिए पानी उछल रहा है... पच्छिम-उत्तर की ओर, ब्लॉक नम्बर एक के पास-पुलिस चौकी के पिछवाड़े में पानी का पहला रेला आया...ब्लॉक नम्बर चार के नीचे सेठ की दुकान के बाएँ बाजू में लहरें नाचने लगीं।

अब मैं दौड़कर छत पर चला गया। चारों ओर शोर-कोलाहल-कलरव-चीख़-पुकार और पानी का कलकल रव। लहरों का नर्त्तन। सामने फ़ुटपाथ को पारकर अब पानी हमारे पिछवाड़े में सशक्त बहने लगा है। गोलम्बर के गोल पार्क के चारों ओर पानी नाच रहा है...आ गया, आ गया ! पानी बहुत तेज़ी से बढ़ रहा है, चढ़ रहा है, करेंट कितना तेज़ है ? सोन का पानी है। नहीं, गंगा जी का है। आ गैलो...

सामने की दीवार की ईंटें जल्दी-जल्दी डूबती जा रही हैं। बिजली के खम्भे का काला हिस्सा डूब गया। ताड़ के पेड़ का तना क्रमशः डूबता जा रहा है...डूब रहा है।

...अभी यदि मेरे पास मूवी कैमरा होता, अगर एक टेप-रेकॉर्डर होता ! बाढ़ तो बचपन से ही देखता आया हूँ, किन्तु पानी का इस तरह आना कभी नहीं देखा। अच्छा हुआ जो रात में नहीं आया। नहीं तो भय के मारे न जाने मेरा क्या हाल होता...देखते ही देखते गोल पार्क डूब गया। हरियाली लोप हो गई। अब हमारे चारों ओर पानी नाच रहा था...भूरे रंग के भेड़ों के झुंड। भेड़ दौड़ रहे हैं—भूरे भेड़। वह चायवाले की झोंपड़ी गई, गई, चली गई। काश, मेरे पास एक मूवी कैमरा

होता, एक टेप-रेकॉर्डर होता...तो क्या होता ? अच्छा है, कुछ भी नहीं। क़लम थी, वह भी चोरी चली गई। अच्छा है, कुछ भी नहीं—मेरे पास।

अचानक सारी देह में कँपकँपी शुरू हुई। पानी के बढ़ने की यह रफ़्तार है तो पता नहीं पानी कितना बढ़े। वहाँ कोई बैठा थोड़ी है कि रोक देगा—अब नहीं, बस अब, हो गया। 'ग्राउंड-फ़्लोर' में छाती-भर पानी है। इसके बाद भी यदि पानी बढ़ता गया तो दूसरी मंज़िल तक न भी आए—कंट्रेक्टर द्वारा निर्मित यह मकान निश्चय ही ढह जाएगा। 1967 में पुनपुन का पानी एक सप्ताह तक झेल चुके हैं ये मकान। हर साल घनघोर वर्षा के बाद कई दिनों तक घुटने-भर पानी में डूबे रहते हैं। और सरज़मीन ठोस नहीं—'गार्बेज' भरकर नगर बसाया गया है...पुनपुन की बाढ़ इसके 'पासंग' बराबर भी नहीं थी। दोनों ओर से तेज़ धारा गुज़र रही है। पानी चक्राकार नाच रहा है, अर्थात् दोनों ओर गड्डे गहरे हो रहे हैं...बेबस कुत्तों का सामूहिक रुदन, बहते हुए सूअर के बच्चों की चिचियाहट, कोलाहल-कलरव-कुहराम !...हो रामसिंगार, रिक्शवा बहलो हो। घर-घर-घर !

...कल एक पत्र गाँव भेज दिया था। किन्तु कल एक कप कॉफ़ी नहीं पी सका। कल 'दोसा' खाने को बहुत मन कर रहा था...कोक पीने की इच्छा हो रही है। कंठ सूख रहा है। प्रियजनों की याद आ रही है।

थर-थर काँपता हुआ छत से उतरकर फ़्लैट में आया और ठाकुर रामकृष्ण देव के पास जाकर बैठ गया—'ठाकुर ! रक्षा करो। बचाओ इस शहर को...इस जलप्रलय में...'

"अरे दुर साला। काँदछिस केन ?...रोता क्यों है ! बाहर देख ! साले ! तुम लोग थोड़ी-सी मस्ती में जब चाहो तब राह-चलते 'कमर दुलिए-दुलिए (कमर लचकाकर, कूल्हे मटकाकर) ट्वीस्ट नाच सकते हो। रंबा-संबा-हीरा-टीरा और उलंग नृत्य कर सकते हो और बृहत सर्वग्रासी महामत्ता रहस्यमयी प्रकृति कभी नहीं नाचेगी ?...ए-बार नाच देख ! भयंकरी नाच रही है—ता-ता थेई-थेई, ता-ता थेई-थेई। तीव्रा तीव्रवेगा शिवनर्त्तकी गीतप्रिया वाद्यरता प्रेतनृत्यपरायणा नाच रही है। जा, तू भी नाच !"

अगरबत्ती जलाकर, शंख फूँकता हूँ—नाचो माँ !...उलंगिनी नाचे रणरंगे, आमरा नृत्य करि संगे। ता-ता थेई-थेई, ता-ता थेई-थेई...मदमत्ता मातंगिनी उलंगिनी—जी भरकर नाचो !

बाहर कलरव-कोलाहल बढ़ता ही जाता है। मोटर, ट्रक, ट्रैक्टर, स्कूटर पानी की धारा को चीरती, गरजती-गुर्राती गुज़रती हैं...सुबह सात बजे ही धूप इतनी तीखी हो गई ? साँस लेने में कठिनाई हो रही है। सम्भवतः ऐसी घड़ी में वातावरण

में ऑक्सिजन की कमी हो जाती है। उमस, पसीना, कम्पन, धड़कन ? तो, क्या...तो क्या ?

अब़, तुमुल तरंगिनी के तरल नृत्य और वाद्य की ध्वनियों को शब्दों में बाँधना असम्भव है ! अब...अब...सिर्फ़...हिल्लोल-कल्लोल-कलकल कुलकुल-छहर-छहर-झहर-झहर-झरझर-अर, र-र-र है-ए-ए धिग्रा-धिंग-धातिन-धा तिन धा-आ-आहै मैया-गे-झाँय-झाँरय-झघ-झघ झाँय झिझिना-झिझिना कललकुलल-कुलकुल-बाँ-आँ-य-बाँ-ऑ-म-भौ-ऊँ-ऊँ...चेंईं-चेंईं छछना-छछना-हा-हा-हा ततथा-ततथा-कलकल-कुलकुल... !!

पानी बढ़ना रुक गया है ? ऐं ? रुक गया है ? बीस मिनट हो गए। पानी जस-का-तस, जहाँ-का-तहाँ है ? कम-से-कम अभी तो रुक गया है।

...तू-ऊ-ऊ-ऊ ! फिर मैंने शंखध्वनि की ? नहीं, रेलवे-लाइन पर एक इंजन तार स्वर में चीख रहा है—तू-ऊ-ऊ-ऊ-ऊ !

कड़वी चाय के साथ कांपोज़ की दो टिकिया लेकर बिछावन पर लेट जाता हूँ।

जो बोले सो निहाल

आँखें मूँदे, बहुत देर तक, 'शवासन' की मुद्रा में लेटा रहा। किन्तु, प्रशांतिकर औषधि (ट्रैंक्विलाइजर) तथा 'आसन' का कोई सुफल नहीं हुआ। इसके विपरीत, आन्तरिक यंत्रणा धीरे-धीरे और भी तीव्र, और गम्भीर होकर प्राण के निकटतम हो गई। दीर्घ निःश्वास का क्रम बढ़ता गया। एक बार लगा कि अब सचमुच दम घुट जाएगा। छटपटा उठा। और, आँखें खुलते ही मोहाच्छादित !...यह क्या ? कमरे की सभी दीवारों पर, फर्श पर, सामानों पर—नीचे—ऊपर सभी ओर एक रहस्यपूर्ण अलौकिक आलोक-जाल ! एक सचल रश्मि-धारा !!...मेरे सारे शरीर पर बेल-बूटेदार सुफेद झीनी चदरी-सी यह क्या है जो सजीव है ? रोमांचित हुआ। फिर तुरत ही सबकुछ समझ गया...यह तो विश्व-प्रकृति की लीला हो रही है न ? मेरे ब्लाक के चारों ओर फैली हुई, वेगवती जलधारा पर सूर्य की प्रखर किरणें पड़ती हैं और प्रतिच्छटा प्रेक्षित होकर हमारे कमरे में इंदरजाल फैला रही है ?...'बहुरूपी'—(बंगला नाटक-मंडली) के आलोक-संपात करनेवाले उस प्रसिद्ध कलाकार का नाम अभी याद नहीं आ रहा...फिल्मवाले 'आउटडोर' में बड़े-बड़े आईने ले जाते हैं। उनको 'रिफ़्लैक्टर' कहते हैं...अपने कमरे के बड़े आईने में अपने को देखकर मुस्करा पड़ा। मुँह-आँख-कान-हाथ-पैर पर वही आभा दौड़ रही थी। लग रहा था, मेरी देह कमरे के शून्य में तैर रही है। इस सम्मोहन से मुक्त होने का मन नहीं करता...

बाहर, कोलाहल ही नहीं—किलोल, तमाशबीनों की भीड़ उमड़ आई है। घुटने और कमर-भर पानी में लड़के नहा रहे हैं। तैर रहे हैं। जल-किलोल...पुनपुन की बाढ़ के समय भी ऐसा ही मेला लगा था।

...लो, वही जीपवाला फँसा। 'टॉप-गियर' पर गुर्राती हुई आवाज़ अचानक बन्द हो गई। इसके बाद 'सेल्फ़' को चालू करने की चेष्टा में कुछ देर 'खचचचच...खचचचच...' फिर निस्तब्ध। निश्चय ही 'गियर बॉक्स' में पानी भर गया होगा। जीप के फँस जाने पर, आसपास जल-विहार करनेवालों और जल-उत्सव देखनेवालों को बड़ी खुशी हुई। जीप के बेबस होते ही एक सम्मिलित हँसी की लहर चारों ओर फैल गई...पुनपुन की बाढ़ में हमें फँसा देखकर देखनेवालों का पहला जत्था हँसते-हँसते लोटपोट हो गया था। ऊपर की ओर अर्थात् हमारी ओर देखकर ताने देता हुआ एक छोकरा जोर-जोर से बोला था—"अच्छा ! हा हा-हा-हा...घर में गैस का सलींडर, पाँच मिनट में ही खाना बनानेवाला कूकर, दिन-रात चालू रेडियोग्राम, पलँग के पास टेलिफोन और ठंडा पानी का फ्रीज। अब बोलो—बच्चू ! कहाँ सटक गई सारी नवाबी ? एँ ? ही ही ही ही !...बैरा ! साहब लोगों को टेबुल पर 'छोटी हाज़िरी' दो और मेमसाहेब के वास्ते बाथरूम के टब में साबुन का झाग...हाहाहाहा...ठीक हुआ है।"

जीप से उतरकर कई लोग पीछे से गाड़ी को धकेलने लगे तो नहानेवाले लड़कों की टोली मदद करने आ गई—"अरे साहब, आगे धकेलकर कहाँ ले जाइएगा ? पीछे की ओर ठेलकर वापस कीजिए।" कुछ लड़के सामने से धकेलने लगे—"मार जवानो—हइयो !" कुछ पीछे से ठेलते रहे—"मार जवानो—हइयो !" गाड़ी एक गड्ढ़े से निकलकर दूसरे में फँस गई। लड़के खुश होकर नहाने लगे...

रिक्शावालों का साहस और उत्साह दुगुना हो गया है। तेज धारा के बावजूद, कमर-भर पानी में नीचे उतरकर रिक्शा को खींच रहे हैं। 'जलकेलि' करनेवाले लड़के हर रिक्शावाले को बिना माँग मदद दे रहे हैं। रिक्शा को पीछे से ठेलकर पार करवा रहे हैं—"हैइ-यो-यो है-है-है !" बीच-बीच में ट्रैक्टर और ट्रक अपनी सारी ताकत लगाकर पानी को चीरते हुए निकल जाते हैं। पानी में हिलकोरे और गोलम्बर के आकाश में गूँजती, मँडराती प्रतिध्वनियाँ।

मैं कभी पश्चिम की खिड़कियों से देखता हूँ और कभी पूरब के बरामदे से। पूरब, एक पँचमंज़िला बिल्डिंग है। उस मकान की जब नींव डाली गई थी तो पुनपुन की बाढ़ आ गई थी। चारों ओर इकट्ठी की गई ईंटों और गिट्टियों की ढेरी पर राह के कुत्तों ने शरण ली थी। पानी हटने के बाद जब इस मकान का काम शुरू हुआ तभी समझा था कि मकान बनानेवाले ने पहले के प्लान पर फिर

से विचार कर आवश्यक सुधार किया है। फलतः इस बार जबकि आसपास के मकानों के 'ग्राउंड फ्लोर' घुटने से लेकर छाती-भर पानी में हैं, इस बिल्डिंग के अहाते में चार-पाँच इंच-भर पानी है। मकान की पहली सीढ़ी भी पानी से बाहर है...और संयोग की बात : एक सप्ताह पहले इसके सामनेवाले मैदान में नए मकान की नींव डाली गई और सोन का पानी आ गया ! हमारे ब्लाक के बाएँ बाजू में—पटना इंप्रूवमेंट ट्रस्ट के कई नए ब्लाक बनकर अभी-अभी तैयार हुए हैं—कटि-स्नान कर रहे हैं।

"ए कि ? जल चले गेछे ? कले जल नेई ? बड्डो मुश्किल"—निष्प्राण 'हैंडपंप' के हैंडिल को चलाती हुई लतिका जी बोलीं।

"किन्तु, पुनपुन की बाढ़ के समय तो कभी पानी बन्द नहीं हुआ ?" मैंने गम्भीरतापूर्वक कहा।

"अरे दुर तोमार...पुनपुन की बाढ़ की बात। मैं पूछ रही हूँ कि अब क्या होगा ?...देखूँ, टोमैटो की माँ के कल में है या वहाँ भी..." बड़बड़ाती हुई, हाथ में छोटी बाल्टी लेकर छत के रास्ते वह चली गई।

महा-मुश्किल ! मैंने पंप के हैंडिल को चलाकर देखा—एकदम बेजान नहीं। भरोसा है थोड़ा...राजेन्द्रनगर के इलाके में ऊपर के तल्लों में पानी की किल्लत हमेशा रहती है। प्रेशर कम रहता है। बहुत दिनों तक कष्ट झेलने के बाद, तीन साल पहले हमने सड़क के किनारे 'अंडर-ग्राउंड मेन लाइन' में डेढ़ सौ फीट 'पाइप' जुड़वाकर हैंडपंप लगवाया। गाँव के ट्यूबवेल का पानी जब सूख जाता है—हम ऊपर से पानी डालकर उसको पुनर्जीवित करते हैं। यहाँ भी वही करना होगा। घड़े से एक 'मग' पानी लिया, पंप की थुथनी (नोज़ल) को ऊपर की ओर करके पानी डाल दिया, फिर हैंडिल चलाने लगा। तब तक लतिका जी छोटी बाल्टी में पानी लेकर पहुँची और मुझ पर बरस पड़ीं। "एक मग पानी बर्बाद कर दिया न ! मुन्नी की माँ के फ्लैट से पानी ला रही हूँ।"

वह घड़े में पानी डालकर फिर बाहर गई तो मैंने हैंडपंप को फिर एक 'मग' पानी पिलाया और हैंडिल चलाने लगा। वह उल्टे-पाँव दौड़ी आई, "तुम समझते क्यों नहीं ? फिर एक मग पानी बर्बाद किया न ? ज़रा बुद्धि से भी तो काम लिया करो। जब 'मेन पाइप' में ही पानी नहीं तो...मिछे मिछे...बेकार पानी डालकर..."

तब तक पंप में जान आ गई थी। पंप की उल्टी हुई थुथनी से पानी का फव्वारा निकला और मैं भीग गया। पुरुषार्थ-भरे स्वर में कहा, "बुद्धि से ही काम लेकर तो अब तक जी रहा हूँ, श्रीमती जी। लीजिए, घर में जितने भी बर्तन

हैं—पात्र-अपात्र-कुपात्र—सबमें पानी स्टोर कर लीजिए। श्रीकृष्णपुरी की ओर न पानी है, न बिजली। इधर भी, जब तक है—है...''

''सुना है, स्टेशन भी डूब गया है। गाड़ी बन्द...''

मैं कहता हूँ, ''अरे, स्टेशन क्या डूबा होगा—रेलवे लाइन पर पानी आ गया होगा। लेकिन, यह ख़बर कौन ले आया ?''

''टोमैटो, गांधी और बाला जी वगैरह घर में बन्द रहनेवाले लड़के थोड़े हैं ! सब निकलकर गया था। सुनछि, एयरोड्रमओ डूबे गेछे।''

और, स्टीमर सर्विस तो दो दिन पहले से ही बन्द है...जल-थल-नभ सभी मार्ग बन्द !

छत पर गया। ब्लाक के सभी—बत्तीसों फ़्लैट के लोग छत पर जमा थे। गंगा नहीं, सोन का पानी है। ''गंगा अचानक डेढ़ हाथ नीचे चली गई...गंगा मैया की कृपा...नहीं तो, अब तक पटना का नाम-निशान तक नहीं रहता। पुनपुन का क्या हाल है भाई ?...पानी कहाँ-कहाँ है और कहाँ-कहाँ नहीं है ?...पश्चिमी पटना तो समझिए कि एकदम 'डुबिए' गया है, इधर स्टेशन, गांधी मैदान, कदमकुआँ, पीरमुहानी, नाला रोड, लोहानीपुर, मंदीरी—सब जगह कमर से लेकर छाती-भर पानी है। मंदीरी की हालत सबसे बदतर है। अथाह पानी है वहाँ। नहीं, अशोक राजपथ पर एक बूँद भी पानी नहीं है...धूप इतनी तेज़ है तो पानी ज़रूर घटेगा...आपके कल में पानी आ रहा है न ? देखिए, पानी-बिजली कब तक चालू रहे...अब तक कोई नाव नहीं आई। नाव नहीं स्टीमर आएगा। आपके लिए...पानी स्टोर कर रहे हैं न ?...खाना क्या है, बस खिचड़ी पका लो और आलू का भुर्ता। बस...वह देखिए—पीपे की नाव बनाकर आ रहे हैं, कुछ लोग।''

सभी नीचे की ओर देखते हैं। नीचे मेला और रेला बढ़ता ही जा रहा है। पता नहीं, इन लड़कों को मोटर का ट्यूब कहाँ से इतना मिल गया है ?...मिलेगा कहाँ से ? सड़क पर जितनी फँसी गाड़ियाँ लावारिस पड़ी हुई हैं, सभी के टायर-ट्यूब निकालकर ला रहे हैं।

तैरना, पानी उलीचना और बीच-बीच में ब्लाक के किसी फ़्लैट की खिड़की की ओर देखकर फिकरे कसना—सबकुछ पूर्ववत् चल रहा है...ऊपर, एक हवाई जहाज मँडरा गया...अरे, ऊपर से क्या देख रहे हो, ज़रा नीचे उतर आओ भाई...शायद, हवाई फोटो ले रहा है...अरे भाई, फोटो लेकर क्या करेगा ? सभी अखबारों के मशीनघर में पानी घरघरा रहा है...पता नहीं, क्या हो, पानी बढ़ सकता है...पानी बढ़ा है...हाँ, देखिए—पानी फिर बढ़ रहा है ? एँ ? पानी फिर बढ़ने लगा। अब खैर नहीं...

फ़्लैट में आकर रेडियो ट्यून किया। सुबह से ही फतुहा-ट्रांसमिशन सेंटर से प्रोग्राम प्रसारित किया जा रहा है...आवाज़ किसी पेशेवर 'अनाउंसर' की नहीं। शायद, वहाँ के दरबान या इंजीनियरिंग-सेक्शन के किसी कर्मचारी की आवाज़...सीधे और सपाट ढंग से वह बीच-बीच में सूचना देता है कि छज्जू बाग के मुख्य स्टूडियो में पानी आ जाने के कारण फतुहा से प्रोग्राम हो रहा है...अब आप एक कव्वाली का रिकार्ड सुनिए। सितार बजने लगता है तो रिकार्ड रोककर कहता है—सुनिए, कव्वाली नहीं, यह सितार का रिकार्ड है...अब आप हमारा दिल्ली का समाचार सुनिए...

प्रारम्भ की दो पंक्तियाँ डूब गईं...''अब आप पूरे समाचार सुनिए। पटना की बाढ़ की स्थिति में कोई सुधार नहीं हुआ है। पिछले अठारह घंटे से पटना का सम्पर्क देश के शेष भागों से कटा हुआ है। दूससंचार के सभी साधन भंग हो गए हैं, गाड़ियों का आना-जाना बन्द है क्योंकि पटना जंकशन रेलवे स्टेशन की रेल की पटरियाँ पानी में डूब गई हैं। आज एयर इंडिया का विमान पटना हवाई अड्डे पर नहीं उतर सका...''

''अब आप फिल्मी गीत सुनिए...हम तुम कमरे में बन्द हों और चाबी खो जाए...''

...अनाउंसर पेशेवर नहीं है। लेकिन, रिकार्ड उसने चुनकर लगाया है। रेडियो से—पटना का देश के शेष भागों से सम्पर्क कट जाने की बात सुनने के बाद मेरे अन्दर का 'मैं' कातर हो उठा। ऐसा लगा कि एक द्वीप पर अकेला बैठा हुआ हूँ। चारों ओर समुद्र लहरा रहा है। कहीं किसी जहाज़ का मस्तूल या किसी नाव का पाल नहीं दिखलाई पड़ रहा...

न जाने कब नींद आ गई। जगा तो दिन के चार बज रहे थे। हर दस मिनट पर पश्चिम की खिड़कियों पर जा खड़ा होना, फिर पूरब के बरामदे पर आकर बाहर देखना—नियम-सा बन गया है, हर बार बिजली के खम्भे पर, सामने की नंगी दीवार की ईंटों पर और ताड़ के तने पर निगाह डालकर देखना कि पानी घटा है या बढ़ रहा है। सो, जागते ही खिड़कियों के सामने जाकर खड़ा हो गया। भीड़ में अपने किसी भी परिचित का चेहरा ढूँढ़ रहा हूँ। नहीं, इस भीड़ में कहीं भी कोई अपना परिचित नहीं...भीड़-प्रिय आदमी कभी किसी का अपना नहीं होता...वह व्यक्ति अपने परिवार के कनिष्ठतम प्राणी के साथ बाढ़ का मेला देखने आया है। परिवार के सभी सदस्य रंग-बिरंगी पोशाक पहने हुए हैं। औरतें और लड़कियाँ सजी-धजी हुई हैं। बंगला में इसी को 'हुजुग' कहते हैं। इस हुजुग को, मेला देखनेवाली भीड़ को, देखकर बाढ़ के पानी में डूब मरने

को जी करता है...

छत पर आने का मन नहीं करता। यहाँ ऐसी-ऐसी बातें सुनने को मिलती हैं कि दिल डूबने लगता है और कभी खून गर्म हो जाता है...और कम उम्र की अल्हड़-सी लड़कियों की तरह अधेड़ बचकानी बातें करने लगती हैं तब। असल में, मैं ही सठिया गया हूँ।

...अच्छा, बतलाइए तो, सोन बढ़ रहा है या बढ़ रही शुद्ध है ?... मुस्कुराहट...नदी तो स्त्रीलिंग है, इसलिए सोन बढ़ रही...खिलखिलाहट आप भी कैसे 'कबी' हैं जी ? जानते नहीं, सोन तो मर्द है। नदी नहीं, नद है। समझे ? तभी तो राजधानी में घुस आया है...ही ही ही ही ! आपने दाढ़ी रख ली, इसीलिए बाढ़ आ गई। कटा लीजिए, पानी घट जाएगा !...हा हा हा !...

एक भाई साहब हैं जो कभी भी किसी मौके पर कोई ऐसी बात नहीं करते जिसे सुनकर मन में कोई उत्साह या आनन्द अथवा राहत मिले। आज दिन-भर अपने फ़्लैट में पता नहीं हथौड़े से क्या ठक-ठककर ठोंकते रहे और कभी छत पर एकत्रित प्राणियों (जिनमें 'फेमनिन' की संख्या ही गरिष्ठ है) के बीच आकर 'ठकाठक' कई कठोर खबरें ठोंक गए—''पुनपुन के तटबन्ध में भी 'ब्रीच' हो गया है...इधर गंगा का पानी फिर बढ़ने लगा है...और, और सचिवालय के पास स्टीमर आ गया है और सारे कागज़ात को सुरक्षित...''

खिलखिलाकर हँसनेवालियों के चेहरे एक ही साथ बुझ गए—मानो बिजली गुल हो गई—हाय राम ! तब तो समझिए कि प्रलय...

भाई साहब कल से ही जिस बात को हज़ार बार कह चुके हैं उसी को फिर, अपनी खल्वाट खोपड़ी पर हाथ फेरते हुए, कहते हैं—''भगवान बुद्धा ने कहा था कि इस शहर को तीन बातों से हमेशा ख़तरा रहेगा...''

हज़ार बार सुनकर भी हर प्राणी की उत्सुकता नहीं मिटती—''कौन-कौन-सी तीन चीज... ?''

मैं पूछना चाहता था कि सचिवालय के पास स्टीमर आ जाने की ख़बर भाई साहब को कहाँ से मिली। वे मौर्य-युग में पहुँचे हुए थे, अतः चुपचाप नीचे अपने कमरे में चला आया।

अब सूरज की लाली बाढ़ के गँदले जल में घुल रही है। ऐसा दृश्य—अर्थात् बाढ़ के जल पर डूबते हुए सूरज की किरणों को रंगीन लकीरें खींचते बहुत बार देखा है, मैं उस अँधियारी की प्रतीक्षा में हूँ—जो आज रात इस नगर में छानेवाली है...पानी घटा नहीं है। भीड़ बढ़ गई है। कोलाहल में कोई कमी नहीं।

...आज साढ़े सात बजे प्रसारित होनेवाला प्रादेशिक समाचार नहीं प्रसारित

हुआ। कव्वाली, फिल्मी गीत, तबला, वायलिन और सितार के घिसे-कटे रिकार्ड बजते रहे...प्रादेशिक समाचार नहीं प्रसारित हुआ तो क्या बिगड़ गया ? प्रसारित ही होता तो क्या बन जाता ? बाढ़ का पानी घट जाता ? कोई राहत मिल जाती ?...मैंने एक बार लगातार तीन महीने तक अपने गाँव में बिना अखबार पढ़कर और बिना रेडियो सुनकर अनुभव किया है। कोई फ़र्क नहीं पड़ता। बल्कि एक पुराना रोग (कब्ज़ियत) दूर हो गया था...

पानी की धारा पर बहुत देर तक निगाहें गड़ाकर देखते रहने से एक आनन्ददायक भ्रम होने लगता है। सारा मकान स्टीमर की तरह तैयार हुआ-सा लगता है...उधर, पूरब की ओर कुछ हुआ, शायद, लड़के उधर दौड़ क्यों रहे हैं, एक साथ ? नाव आ रही है। हाँ, नाव ही है। नाव पर सात-आठ सरदार जी और कई गैर-सरदार बैठे हैं। किसी भी सिख को देखते ही मेरे मन के अन्दर यह अभिवादन 'भक्तिभाव' से गूँजने लगता है—'जो बोले सो निहाल—सत सिरी अकाल !'

सरदार जी लोगों का दल जलविहार करने नहीं, रिलीफ़ बाँटने आया है। सामनेवाले पँचमंजिला इमारत के मुँडेर पर पनाह लेनेवालों को वे बुला रहे हैं—"नीचे आओ।"

हमारे ब्लाक के बाएँ जो मकान बनकर तैयार हुए हैं, उनमें अब तक चालीस-पचास बाढ़पीड़ित परिवार आकर डेरा डाल चुके थे—रिक्शावाले, खोंमचावाले, रद्दी कागज़-शीशी-बोतल खरीदनेवाले। सभी रोटियाँ लेने उतरे। सरदार स्वयंसेवकों ने चिल्लाकर कहा—"पानी में मत उतरो। हम वहीं आ रहे है।"

नाव हमारे फ़्लैट के नीचे से गुज़री। नीचेवाले फ़्लैट से किसी ने पूछा, "क्या दे रहे हैं ?"

"रोटी, सब्जी और घूघनी। और पीने का पानी भी। रोटी बहुत अच्छी है, गर्म है...बढ़िया आटे की है। क्यों, चाहिए क्या ?" स्वयंसेवक सरदार जी ने एक रोटी निकालकर दिखलाते हुए कहा। फिर पूछा—"आप लोगों की छत पर पनाहगुर्जी कोई नहीं..."

इसके बाद नाव को घेरकर भूखे-प्यासे लोग अपने बाल-बच्चों के साथ रोटियाँ लेते रहे और शोर मचाते रहे...रिलीफ़ देनेवालों की यह पहली टोली थी...दिन-भर के भूखे प्यासे प्राणियों को तृप्तिपूर्वक भोजन करते हुए, घूँट-घूँटकर पानी पीते हुए देखकर रोम-रोम पुलकित हो उठा। ज़ोर से पुकार उठा, "जो बोले सो निहाल-सत सिरी अकाल !" और—नाव पर बैठे स्वयंसेवकों ने मेरे इस हार्दिक अभिनन्दन को स्वीकार करते हुए एक साथ 'सत सिरी अकाल' कहा। फिर पूछा, "कुछ चाहिए ?

रोटी-पाणी ?''

मैंने कहा, ''उधर, कम्यूनिटी हाल...दिनकर अतिथिशाला में, और उसके पच्छिम की ओर जाइए, वहाँ बहुत लोग हैं...''

''हाँ-जी, उधर हमारी एक नाव गई हुई है।''

...बिजली आ गई है। जल-थल आलोकित हो गया है। पुनपुन की बाढ़ के समय, पानी की धारा पर बिजली के लट्टुओं और मर्करी-ट्यूब का जैसा आलोक-नृत्य देखा था—वैसा ही दृश्य...किन्तु, सारा पश्चिमी पटना घोर अन्धकार में डूबा होगा।

...दिल्ली से रेडियो पर कहा जा रहा है—पटना के लोग मौत से जूझ रहे हैं।

कमरे के कोने से ठाकुर रामकृष्ण देव बोले—''की रे ? सारा दिने...दिन-भर में तीन बार ठूँसकर खाया है ? दिन-भर सिगरेट फूँकता रहा, चाय पीता रहा। यही है तुम्हारा मौत से जूझना ?...घर से बाहर निकलता क्यों नहीं ? आश्रम के स्वयंसेवकों के साथ दुखियों की सेवा करने क्यों नहीं आता ? उस बार तो खूब उत्साह के साथ गया था। क्या हुआ इस बार ?''

''ठाकुर ! तुम तो जानते हो। मैंने कसम खाई है, बाढ़-पीड़ितों की सेवा करने के लिए अब नहीं जाऊँगा।''

''एई तोमार तीसरी कसम ?''

लतिका जी भींगी साड़ी में लथपथ लिपटी हुई आईं और बाथरूम की ओर जाती हुई बोलीं, ''ओदेर...उन्हें खिला आई।''

मैंने कुछ भी नहीं समझा। वह स्नान करके, कपड़े बदलकर आईं। पूछा, ''ओदेर माने ?''

''ओई बेचारा कुकुरदेर...बेचारे कुत्ते। एक ने चायवाले की झोंपड़ी को 'आस्ताना' (बेसेरा) किया है। दूसरा—वहाँ ईंटों की ढेर पर है और—तीसरा तीन नम्बर ब्लाक की एक खाली दुकान के रैक पर बैठा है। रोटी दे आई हूँ और, उस चायवाले को देखो। मुझे रोटी खिलाते देखकर दौड़ा आया और लाठी से बेचारे को कोंचने लगा। कहने लगा, मेरा छप्पर नोंचकर बर्बाद कर देगा।''

''भगा दिया ?''

''नहीं। अपने ब्लाक के लड़के सब नीचे थे। उन्होंने कहा, कुत्ते को अगर भगाया तो तुम्हारी झोंपड़ी कल बह जाएगी।''

बाहर बिजली चमकी। पूरब और दक्षिण की ओर आकाश में काले मेघ उमड़ आए हैं। उमस से देह चिपचिपा रही है। बाहर 'आवाजाही' अब तक बन्द नहीं हुई है। भीड़ नहीं है। किन्तु, लोग आज भी साढ़े ग्यारह बजे तक चल रहे हैं।

हर आदमी के हाथ में एक लाठी—दूसरे में झोली, बोतल या डालडा का डिब्बा अथवा गठरी...सचमुच, मौत से ही जूझ रहे हैं। पानी में भँसता हुआ डेढ़ बित्ते का कोई कीड़ा डंक मार दे और एक घंटा में ही सब समाप्त...दीवार गिर पड़े और खेल खत्म...फिर कहीं कोई तटबन्ध टूट जाए अथवा गंगा जी का कोप बढ़ जाए और चारों ओर पानी की एक उठती हुई ऊँची दीवार के साथ पटाक्षेप।

अब बिजली की प्रत्येक कौंध के तुरन्त बाद ही मेघ गरज उठता है। इसका मतलब है कि बादल अब पटना के आकाश पर छा गया। बाहर निकलकर देखा और, मुँह से सहसा निकल पड़ा—"तुम्हीं क्यों बाकी रहोगे आस्माँ...ज़रा बाहर आकर देखो इन बादलों को...की भीषण..."

एक कुत्ते ने रोना शुरू किया। किन्तु कल के रुदन से आज का रोना भिन्न है। कल वे आशंका और आतंक को सूँघ रहे थे और, आज मौत को बहुत करीब देखकर रो रहे हैं...मुझे फिर टेप-रिकार्डर की ज़रूरत...असल में इस रुदन को जिसने सुना है, वही समझ सकते हैं—"ओं-य-य-हूँ-ऊँ-ऊँ-ऊँ-हाँ-हाँ-हाँ-य-ह... हूँ-ओं-आ-आ..."

आज उन्हें डाँटकर कोई चुप नहीं कर रहा। इसलिए वे सम्मिलित सुर में रह-रहकर रो रहे हैं ! उनकी करुण पुकार में कोई बाधा नहीं पड़ती।

...कुत्तों को चुप किया, तेज़ हवा के पहले झोंके ने। हवा तेज़ हो गई। बिजली जल्दी-जल्दी कौंधने लगी—कड़ककर टूटने लगी। एक बार तो लगा, आस्मान चरचराकर फट ही गया। हवा नहीं, यह तूफ़ान है। आँधी आ गई ? सभी फ़्लैटों की खुली हुई खिड़कियों और दरवाज़े के पल्ले काठ के पंख की तरह फड़फड़ाने-धड़धड़ाने लगे। धड़ाधड़ खिड़कियाँ बन्द होने लगीं। अब, हवा के साथ मूसलाधार वृष्टि ! घनघोर वर्षा...पास ही किसी मकान में कोई भयातुर आत्मा 'अजान' देने लगी—"अल्ला-हो-अ-क-ब-र..."

पुनपुन की बाढ़ को न्योतकर ले आनेवाली, अट्ठारह-बीस घंटे तक अविराम होनेवाली वर्षा की याद आई...उस बार मुंगेर के किसी इलाके में बादल टूटकर (बर्स्ट) गिरा था और पाँच मिनट में ही कई गाँव पानी के अतल तल में समा गए थे...सबकुछ सम्भव है।

उन लोगों पर अभी क्या बीत रही होगी जो छतों पर, खुले आसमान के नीचे हैं ?

...अब जो दृश्य उपस्थित हो रहा है, होता जा रहा है, उसे देखने का साहस नहीं बटोर पा रहा हूँ। विश्व-प्रकृति का यह उन्मत्त नृत्य, अब इस शहर को डुबाकर ही बन्द होगा...ऊँ नमस्ते सते सर्वलोकाश्रयाय...त्वमेकं शरण्यं त्वमेकं वरेण्यं...

भयानां भयं भीषणं भीषणानां...परेषां परंरक्षणंरक्षणानां...तदेकै-स्मरामस्तदेकंजपा... भवाभोधिपोत शरण्य ब्रजामः...!!!

संसार-सागर से उबारनेवाले एकमात्र 'पोत' को सुमिरता हुआ, रक्षकों के भी रक्षक की शरण गहता बाहर की ओर देख रहा हूँ। पानी बढ़ता जा रहा है। लेकिन, अब डर नहीं लग रहा। अब काहे का डर ?...दिन में सूअर के बच्चे जिस तरह डूबते-बहते हुए मर रहे थे, उसी तरह मरने को तैयार हूँ। किन्तु, चिचियाऊँगा नहीं उनकी तरह। मृत्यु की वंदना गाता हुआ मरूँगा...पैंतीस-छत्तीस साल पहले का एक गीत (रवि ठाकुर के प्रसिद्ध गीत का हिन्दी-अनुवाद और सुन्दर अनुवाद !)—'कंगन' फ़िल्म का पुराना गीत गुनगुनाने लगता हूँ। फिर, बाहर की घनघोर वर्षा के ताल पर, जोर से गला खोलकर गाना शुरू कर देता हूँ—''मरण रे-ए-ए-ए तुँहु मम श्याम समा-आ-आ-न...घोर घटा का मोर-मुकुट धर-धर बिजली की मुरली अधर पर...गा दे अमृत...गा-आ-आ-आ-न...मरण रे-ए-ए-ए...''

दस मिनट बरसकर बादल छँट गए। हर फ़्लैट की खिड़कियाँ फिर खुल गईं। आसमान साफ़ हो गया...पटना एक बार फिर बच गया।

बाहर झाँककर देखा—कई लोग जाल फेंककर मछलियाँ पकड़ रहे हैं।

पंछी की लाश

वर्षा के बाद वातावरण का ताप कम हुआ। किन्तु, बिछावन पर लेटते ही बाढ़ की स्मृतियाँ–'नास्टेल्जिया' की तरह फिर लौटकर आने लगीं और मन पसीजने लगा...ऐसा क्यों होता है ? इसके मूल में क्या है ?...बहुत देर तक आत्मविश्लेषण करता रहा।

बचपन से 'बाढ़' शब्द सुनते ही विगलित होने और बाढ़-पीड़ित क्षेत्रों में जाकर काम करने की अदम्य प्रवृत्ति के पीछे–'सावन-भादो' नामक एक करुण ग्राम्य गीत है, जिसे मेरी बड़ी बहिन अपनी सहेलियों के साथ सावन-भादो के महीने में गाया करती थी। आषाढ़ चढ़ते ही–ससुराल में नई बसनेवाली बेटी को नैहर बुला लिया जाता है। मेरा अनुमान है कि सारे उत्तर बिहार में नव-विवाहिता बेटियों को 'सावन-भादो' के समय नैहर से बुलावा आ जाता है...और जिसके कोई लिवाने नहीं जाता, वह बेचारी दिन-भर वर्षा के पानी-कीचड़ में भीगती हुई गृहकार्य सम्पन्न करने के बाद रात-भर नैहर की याद में आँसुओं की वर्षा में भीगती रहती है। 'सावन-भादो' गीत में ऐसी ही, ससुराल में नई बसनेवाली कन्या की करुण कहानी है :

"कासी फूटल कसामल रे दैबा
बाबा मोरा सुधियो न लेल,

बाबा भेल निरमोहिया रे दैबा
भैया के भेजियो न देल,
भैया भेल कचहरिया रे दैबा,
भउजी बिसरि कइसे गेल... ?"

(अब तो चारों ओर कास भी फूल गए यानी वर्षा का मौसम बीतने को है। पिछली बार तो बाबा खुद आए थे। इस बार बाबा ने सुधि नहीं ली। बाबा अब निर्मोही हो गए हैं। भैया को 'ज़मीन-जगह' के मामले में हमेशा कचहरी में रहना पड़ता है। लेकिन, मेरी प्यारी भाभी मुझे कैसे भूल गई ?)

भाभी भूली नहीं थी, उसने अपने पति को ताने देकर बुलाने के लिए भेजा। भाई अपनी बहिन को लिवाने गया ? इसके बाद गीत की धुन बदल जाती है। कल तक रोनेवाली बहुरिया प्रसन्न होकर ननदों और सहेलियों से कहती है :

"हाँ रे सुन संखिया ! सावन-भादव केर उमड़ल नदिया
भैया अइले बहिनी बोलावे ले—सुन सखिया..."

ओ ननद-सखी ! सावन-भादो की नदी उमड़ी हुई है। फिर भी मेरे भैया मुझे बुलाने आए हैं। तुम ज़रा सास जी से पैरवी कर दो कि मुझे जल्दी विदा कर दें...सास कहती है, मैं नहीं जानती अपने ससुर से कहो। ससुर ताने देकर कहता है कि नदीवाले इलाके में बेटी की शादी के बाद दहेज में नाव क्यों नहीं दिया। अन्त में, पतिदेव कुछ शर्तों के साथ विदा करने को राज़ी होते हैं। ससुराल की दुखिया-दुलहिन हँसी-खुशी से भाई के साथ मायके की ओर विदा होती है। लेकिन, नदी के घाट पर आकर देखा—कहीं कोई नाव नहीं। अब क्या करें ! भाई ने हिम्मत से काम लिया। कास-कुश काटकर, मूँज की डोरी बनाकर और केले के पौधों के तने का एक 'बेड़ा' बनाया और उस पर सवार होकर भाई-बहिन उमड़ी हुई कोशी की धारा को पार करने लगे। किन्तु, बीच नदी में पहुँचते ही लहरें तेज़ हो गई। बेड़ा डगमग करने लगा। और, आखिर :

"कटि गेल कासी-कुशी छितरी गेल थम्हवा
खुलि गेल मूँज केर डोरिया—रे सुन सखिया !
...बीचहि नादिया में अइले हिलोरवा
छुटि गेलै भैया केर बहियाँ—रे सुन सखिया !
...डूबी गेलै भैया केर बेड़वा—रे सुन सखिया !"

(नदी के उत्ताल तरंगों और घूर्णिचक्र में फँसकर बेड़ा टूट गया। भाई का हाथ छूट गया। और, भाई का बेड़ा डूब गया। भाई ने तैरकर बहिन को बचाने की चेष्टा की किन्तु, तेज़ धारा में असफल रहा। डूबती हुई बहिन ने अपना अन्तिम सन्देशा

दिया—माँ के नाम, बाप के नाम...फिर किसी बेटी को सावन-भादो के समय नैहर बुलाने में कभी कोई देरी नहीं करे। और, देरी हो जाए तो जामुन का पेड़ कटवाकर नाव बनवाए, और तभी लड़की को लिवाने भेजे !)

...तकिए का गिलाफ़ भीग गया। गीत की पक्तियाँ मन में गूँजती रहीं और आँखें बरसती रहीं। ऐसा हमेशा हुआ है।

...और, इस गीत के साथ पिछले कई वर्षों से एक और करुण गीतकथा की कहानी जुड़ गई है। इसलिए, इस गीत का दर्द दूना हो गया है...'तीसरी कसम' की शूटिंग के दिनों शैलेन्द्र जी मुझसे 'महुआ घटवारिन' की 'ऑरिजिनल' गीत-कथा सुनना चाहते थे ताकि उसके आधार पर गीत लिख सकें। एक दिन हम 'पबई-लेक' के किनारे एक पेड़ के नीचे जाकर बैठे। 'महुआ-घटवारिन' का गीत मुझे पूरा याद नहीं था। इसलिए मैंने एक छोटी-सी भूमिका के साथ 'सावन-भादो' का गीत अपनी भोंडी और मोटी आवाज़ में, भरे गले से सुना दिया। गीत शुरू होते ही शैलेन्द्र की बड़ी-बड़ी आँखें छलछला आई और गीत समाप्त होते-होते फूट-फूटकर रोने लगे। गीत गाते समय ही मेरे मन के बाँध में दरारें पड़ चुकी थीं। शैलेन्द्र के आँसुओं ने उसे एकदम तोड़ दिया। हम दोनों गले लगकर रोने लगे। 'ननुआँ' (शैलेन्द्र का ड्राइवर) टिफिन कैरियर में घर से हमारा दोपहर का भोजन लेकर लौट चुका था। हम दोनों को इस अवस्था में देखकर वह चुपचाप एक पेड़ के पास ठिठककर बहुत देर तक खड़ा रहा...इस घटना के कई दिन बाद, शैलेन्द्र 'रिमझिम' में पहुँचा। वे तपाक से बोले—"चलिए, उस कमरे में चलें। आपको एक चीज़ सुनाऊँ।"

हम उनके शीतताप-नियन्त्रित कमरे में गए। उन्होंने मशीन पर 'टेप' लगाया। बोले—"आज ही 'टेक' हुआ है।" मैंने पूछा—"तीसरी कसम ?" बोले—"नहीं भाई ! 'तीसरी कसम' का टेक होता तो आपको नहीं ले जाता ?...यह 'बंदिनी' का है...पहले, सुनिए तो... !"

रेकार्ड शुरू हुआ—"अब के बरस भेज भैया को बाबुल सावन में लीजो बुलाय रे...अमुआँ तले फिर से झूले पड़ेंगे...कसके रे जियरा छलके नयनवाँ...बैरन जवानी ने छीने खिलौने...बाबुल जी मैं तेरे नाज़ों की पाली...बीते रे जुग कोई चिट्ठयो ना पाती, ना कोई नैहर से आए रे-ए-ए।"

कमरे में 'पबई-लेक' के किनारेवाले दृश्य से भी मर्मांतक दृश्य उपस्थित हो गया। हम दोनों हिचकियाँ ले-लेकर रो रहे थे—आँसू से तर-बतर...शैली ने (तब बांटू यानी हेमंत !) किसी काम से अथवा गीत सुनने के लिए कमरे का दरवाज़ा खोला और हमारी अवस्था देखकर पहले कई क्षणों तक अवाक् रहा।

फिर कमरे से चुपचाप बाहर चला गया...कमरे में बार-बार वही रेकार्ड बजता रहा और न जाने कब तक बजता रहता यदि शकुन जी आकर मशीन बन्द नहीं कर देतीं।

भीगे हुए तकिए पर तौलिया रखकर लेट गया। जी-भर रो लेने के बाद जी हल्का हो गया था। दृश्य पर प्रशान्ति छा गई थी...मीठी नींद आ गई।

भोर को एक सुन्दर अपूर्व सपना देख रहा था। और सपने में भी आनन्दातिरेक से रो रहा था...लतिका जी ने झकझोरकर जगाया—"ऐ ? ऐ ? की हयेछे ?...क्या हुआ ?"

जगकर मन खीझ उठा...इतना सुन्दर सपना बीच में ही टूट गया...मुझे क्यों जगाया...मैं नींद में रोऊँ या हँसूँ—इससे किसी का क्या बिगड़ जाता है ?...आह !

लतिका जी बोलीं—"ऐसे में कभी-कभी आदमी का दम घुट जाता है।"

"घुट जाता तो घुट जाता..."

...दरवाज़े की कुंडी खटखटाई। जाकर दरवाज़ा खोला तो सामने हँसते हुए शैलेन्द्र खड़े थे। उनके साथ में थे, उनके एक प्रिय-स्वजन, पटना के प्रियदर्शन डॉक्टर भोला। मैं अचरज में गूँगा हो गया। उनसे कुछ पूछना चाहता था। लेकिन, मुँह से बोली ही नहीं निकल रही थी। शैलेन्द्र बोल रहे थे—"आना ही पड़ा...बेबी और गोपा के लिए योग्य 'पात्रों' को देखने के लिए। अकेला बांटू और काका बेचारे क्या करें ?...अपनी प्यारी बेटियों के लिए मुझे आना पड़ा—ऐसे दुर्दिन में भी भला कोई आता है ?...बाबुल जी मैं तेरे नाजों की पाली, फिर क्यों हुई पराई—यह सुनकर कौन ऐसा बाप है जो...बांटू को कबीर दादू और रैदास पढ़ने को कहता था। पता नहीं, उसने पढ़ा या नहीं...इधर उसने एक बड़ा ही प्यारा गीत लिखा है। एल.पी. में आ गया है। सुनिए न..."

क्या सुनूँ ? सपने का संसार ही समाप्त हो गया। अब जगकर, अवसन्न अवस्था में सुन रहा हूँ—फतुहा से बचता हुआ—'नात-कव्वाली-गजल-ठुमरी-सितार' का रेकार्ड !

जग गया। परन्तु, सपने से इस तरह अभिभूत रहा कि बहुत देर तक 'जलप्रलय' को भूल गया। चाय पीता हुआ बहुत देर तक सपने में अचानक आ गए शैलेन्द्र के अभियोग और उलहाने-भरे शब्दों पर विचार करता रहा...सचमुच, हम सभी कितने स्वार्थी सिद्ध हुए ?

पच्छिम की खिड़की से झाँककर देखा—करेंट की गति थोड़ी मंद पड़ गई। कलवाला 'रिद्म' नहीं है...वह...वहाँ सफेद-सी कोई चीज 'भँसती' हुई चली आ

रही है...खरगोश या विलायती चूहा या कोई चिड़िया ?...मुर्गी है—सफेद मुर्गी ! पानी की धारा के साथ हिलकोरे खाती हुई पूरब की ओर सड़क की मुख्य खरस्रोता धारा में पहुँची और वहाँ से तेज रफ़्तार में बहने लगी...कल पानी के साथ हवाई चप्पल, बच्चों के खिलौने, कंघी, सायकिल का बास्केट, प्लास्टिक के रंगीन कटोरे वगैरह भँसते दिखलाई पड़ते थे। आज सुबह उठकर पंछी की लाश पर दृष्टि पड़ी तो मन इस अपशकुन से आशंकित हो गया। रात के तीसरे पहर में एक बार उठकर देखा था, मछली पकड़नेवालों के अलावा तीन-चार व्यक्ति पैर से टटोल-टटोलकर कुछ खोज रहे थे। जो कुछ मिलता था उसे हाथ में एक बार लेकर देखते। अपने झोले में रख लेते या फिर पानी में फेंक देते...सूअर के कई बच्चों की लाशों को लाठी की 'बहँगी' में लटकाकर भंगियों का दल आ रहा था। दल के एक युवक ने मुर्गी की लाश का पीछा किया। पानी से उठाकर डैने को खींचकर जाँचने लगा और फिर चिल्लाकर बोला—"नहीं। सड़ल न है, काठ के जैसन कड़ा हो गया है।"..."ले ले आ, लेआ !" बहँगी में लटकती हुई सूअर के बच्चों की लाशों के साथ सफेद मुर्गी भी लटकी। अब उसका मरना सार्थक हो गया। सूअर के बच्चे और मुर्गी की मृत देह अब 'लाश' नहीं—उपभोक्ता-वस्तु बन गई...जन्म अकारथ नहीं गया।

...दिल्ली से प्रसारित समाचार में जब यह कहा गया कि आकाशवाणी पटना के संवाददाता श्री एच.पी. शर्मा ने बाढ़ का पानी झेलकर—'बाइपासरोड' से किसी तरह दूर जहानाबाद पहुँचकर, दिल्ली केन्द्र से सम्पर्क स्थापित करके पटना की बाढ़ का ताज़ा समाचार दिया है तो...तो...मुझे लगा कि पटना के अलावा सारे बिहार के (और भारत के अन्य भागों के) रेडियो सुननेवालों की हार्दिक शुभकामनाएँ शर्मा जी ने अर्जित कर लीं...अट्ठारह-बीस घंटे से देश के अन्य भागों से छिन्नसूत्र पटना नगर का और नगर के निवासियों के मौत से जूझने का समाचार देने के लिए सहज हार्दिक शुभकामनाएँ देने के सिवा और क्या दे सकते हैं, हम ?... युग-युग जियो शर्मा जी...तुम्हारा कल्याण हो...बहादुर पत्रकार !...तुम्हारे बाल-बच्चे सुखी रहें, भगवान उनको लम्बी उम्र दें !!

...देश के अन्य भागों के चिंतित लोगों की यह अशुभ आशंका दूर हो गई होगी कि पटना, महेंजोदड़ों की तरह, नदी के गर्भ में समा नहीं गया है...पटना, धनुष्कोटि की तरह गर्क नहीं हो गया, बचा हुआ है और वहाँ के लाखों लोग जीवन और मृत्यु के बीच झूल रहे हैं...मौत से जूझ रहे हैं।

आज नहानेवालों के दल में मोटर ट्यूब के अलावा कई लोग स्विमिंग-सूट' (तैराकी के पोशाक) में भी दिखाई पड़ रहे हैं...अब मेरा मन कर रहा है कि

छत पर जाकर 'माइक' से ऐलान करूँ–'भाइयो ! भाइयो !! आप लोग कल से ही बाढ़ के गँदले पानी में नहा रहे हैं, यह आपके स्वास्थ्य के लिए खतरनाक है। फ्लू, सर्दी बुखार, टायफायड आदि के अलावा पानी में भँसते हुए ज़हरीले साँप...

अपने इस मूर्खतापूर्ण विचार पर आप ही हँसा...माइक का मोह न जायो तेरो मन से मूरख !

तमाशबीन जनता की छोटी-बड़ी टोलियों का आगमन शुरू हुआ...एक नीमजवान 'नवसिखुआ' कैमरावाला लड़का कमर भर पानी में खड़ा होकर–पूरब मुँह से–यानी सूरज की ओर मुँह करके–तस्वीरें ले रहा है। नहानेवाले लड़के उसके सामने जाकर मुँह चिढ़ा रहे हैं। एक लड़का गले तक पानी में डूबकर अद्भुत आवाज़ में डूबती हुई लड़की का अभिनय करते हुए पुकारा–''ब-चा-ओ !...बचाओ ! मैं डूबी जा रही हूँ...'' भीड़ का एक कड़ियल-जैसा आदमी कैमरावाले तैश में कुछ कह रहा है। ब्लाक नम्बर एक के छत पर खड़े लोग भी चिल्ला-चिल्लाकर कुछ कह रहे हैं। हमारे ब्लाक के मुँडेरे से भी आवाज़ें कसी जाने लगीं...यहाँ लोग कल से घिरे हुए हैं, न कहीं नाव है, न रिलीफ़ और ये फ़ोटो लेनेवाले सिर्फ़ तस्वीर ले रहे हैं ? इसी को कहते हैं कि किसी का घर जले और कोई मौज से तापे...मत खींचने दो किसी फोटोवाले को कोई भी फोटो...इनको पैसा कमाने का यही मौका मिला है ?

कैमरावाला जवान (नवसिखुआ भले ही हो) बुद्धिमान है। उसने तुरन्त कैमरे का रुख तमाशबीनों की ओर कर दिया। तैश में आया हुआ कड़ियल-जैसा आदमी तुरन्त ठंडा हो गया और गले में लिपटा हुआ अँगोछा ठीक कर मुँह पर हाथ फेरकर फोटो खिंचाने के पोज में खड़ा हो गया। नहानेवाले लड़कों ने वहाँ पहुँचकर पानी उलीचना-छींटना शुरू किया। भीड़ का दूसरा आदमी अब तैश में आकर नहानेवाले ऊधमी लड़कों को डाँटकर भगाने लगा। छाती-भर पानी में भागते हुए लड़कों में से एक, अपने ड्रम के 'बेड़े' पर चढ़ गया और अपने पैंट के अग्रभाग के एक विशेष स्थान की ओर संकेत करके बोला–'इसका फोटो लो'...कुछ लोग हँसे। कुछ ने मुँह फेर लिया और कई लोग एक साथ–''अरे-रे-रे-रे हरमजदवा...'' कहकर चुप हो गए...छाती-भर पानी में जाने का साहस उनमें नहीं था...मुझे पाँच-सात महीने पहले देखी हुई युगोस्लावी फ़िल्म (वी आर बिविच्छ, इरिन) के एक दृश्य की याद आ गई। झरने में अर्द्धनग्न नहाती इरिन को चारों ओर से छिपकर देखनेवाले आवारे लड़कों को जब इरिन के ससुर ने खदेड़ते हुए कहा था कि अब अगर इधर कभी देखा तो जान से मार डालूँगा...'विल किल यू'

तो भागते हुए छोकरों में से एक ने कुछ दूर जाकर, उलटकर ऐसी ही मुद्रा बनाई थी—'किल दिस !'

फोटो लेनेवाला लड़का 'डिमोरलाइज्ड' होकर कैमरा समेटकर चला गया...मेरा कोई मित्र होता या मैं खुद होता तो इस 'पोज़' को कभी 'मिस' नहीं करता।

"...लेकिन कैमरावालों के प्रति लोगों का अचानक यह आक्रोश क्यों ? यह तो अच्छी बात नहीं। अपने कई प्रेस-फोटोग्राफर मित्रों तथा अन्य गैर-पेशेवर फोटोग्राफर दोस्तों की याद आई...जनार्दन ठाकुर, सत्यनारायण दूसरे, सूर्यनारायण चौधरी, वासुदेव शाह, सत्यदेव नारायण सिन्हा (आर.एस. चौपड़ा तो बम्बई जा बसे) तथा गुरु उप्पल के अलावा बहुत सम्भव है बाहर के जाने-माने छायाकार आए हों। पता नहीं, उनके साथ क्या-क्या व्यवहार करें ये ?"

मैं अब अपनी छत पर 'चचागिरी' करने के लिए पहुँचा। मेरे ब्लाक के लड़के मेरे नाम के साथ 'चचा' जोड़कर मुझे सम्बोधित करते हैं। छत पर जो भी 'भतीजे' मौजूद मिले उन्हें मैंने समझाया कि किसी फोटो लेनेवाले को 'हूट' न किया जाए। वे तुरन्त समझ गए—"अच्छा चचा जी ! हमलोग नीचे जाकर इन लड़कों को समझा देते हैं..."

नहानेवालों की टोली के उत्साह में बाधा डाली—एक गाय की लाश ने। लाश फूलकर भँसती ओर दुर्गन्ध फैलाती हुई आ रही थी। मेरे कमरे की खिड़कियों से बदबू का पहला झोंका आया...ब्लीचिंग पाउडर और फिनायल की महक के साथ सड़ती हुई लाश की दुर्गन्ध...लगता है, किसी मुहल्ले में यह अटक गई थी...असह्य दुर्गन्ध ! कहीं हमारे ब्लाक के नीचे किसी दुकान में न अटक जाए। फिर तो साँस लेना भी मुश्किल हो जाएगा। जीना दूभर हो जाएगा !...नहीं, अब तक धीरे-धीरे बहती हुई आती लाश, सड़क की मुख्य धारा के पास जाते ही—एक बार नाचकर—तेज धारा के साथ हो गई और फिर उसकी गति काफी तेज़ हो गई।

"एई जा !...गैस फुरुलो—गैस समाप्त ! मैंने कहा था न ?" रसोईघर से बाहर निकलती हुई लतिका जी बोलीं ! फिर चुपचाप कोयलेवाला चूल्हा सुलगाने की तैयारी करने लगी।

मैं पूरब बरामदे पर खड़ा रहा...वह आ रहे हैं, डॉक्टर शिवनारायण, हाथ में बड़ी-सी लाठी लेकर टेकते हुए, अस्पताल जा रहे हैं...कल रात में क्या यही सितार बजा रहे थे ? पूछूँ ?...नहीं, अभी तो यह डॉक्टर हैं। सितारवादक नहीं।

...कमर से धोती लपेटे, गंजी पहने—लाठी टेकते और मुस्कराते एक परिचित मुखड़े पर दृष्टि पड़ी—ओ ! परेस जी हैं। 'रूपरंग' नाट्य संस्था के निदेशक-लेखक

अभिनेता...परेस जी मेरे ही ब्लाक की ओर आ रहे हैं ? मेरे फ्लैट के नीचे आकर बोले—"अरे ! यहाँ तो बहुत तेज़ करेंट है। लगता है, उठाकर फेंक देगा।" उन्होंने पूछा, "सिगरेट है न ?...और किसी चीज़ की ज़रूरत ? जी नहीं, हमलोगों का क्वार्टर ऊँची जगह पर है। पानी नहीं है...मित्रों की खोज-खबर लेने निकला हूँ।"

मैंने कहा—"इधर कहीं किरासन तेल मिलेगा ? हमलोगों की 'गैस' अभी-अभी खत्म हुई है...स्टोव के लिए किरासन चाहिए। यदि उधर..."

'अच्छी बात ! देखते हैं ?"—परेस जी नीचे से ही चले गए।

लतिका मुझे झिड़की देती हुई बोली—"तुम भी कैसे हो ? बेचारा हाल-समाचार पूछने आया था और तुमने किरासन तेल की फरमाइश कर दी...लज्या नेई तोमार एकटू ?"

"लाज की क्या बात है इसमें ? मित्र हैं। बाढ़ से पीड़ित नहीं हैं ! हाल-समाचार पूछने आए थे...इनसे सहायता माँगने में क्या लाज ?"

दिल्ली से प्रसारित समाचार में कहा जा रहा है कि सेना के जवान लोगों को सुरक्षित स्थानों में पहुँचा रहे हैं ! हेलिकाप्टरों से खाद्य सामग्रियाँ गिराई जा रही हैं !...केन्द्रीय खाद्य-मन्त्री ने हवाई सर्वेक्षण के बाद वक्तव्य दिया है...

दिल्ली के समाचार के बाद, पटना के फतुहा 'कैंप-केन्द्र' से एक आवश्यक सूचना प्रसारित की जा रही है, आज किसी पेशेवर अनाउंसर की आवाज़ है—भीषण बाढ़ के कारण, पटना नगर में पानी की आपूर्ति में बाधा पड़ गई है, अतः पेयजल का भीषण अभाव हो गया है...नागरिकों से अनुरोध है कि वे किसी भी प्रकार के पानी को पन्द्रह मिनट तक उबालने के बाद काम में ला सकते हैं...

किसी भी तरह के पानी का मतलब हुआ कि बाढ़ के पानी को भी पन्द्रह मिनट तक उबालकर (छानकर नहीं ?) पी सकते हैं ?...मैंने अपने कमरे के कोने में बैठे हुए देवता से कहा—"अब इस शहर के सभी नागरिक 'परमहंस' हो जाएँगे...तुमने कहा है न—जिस दिन नाली के गंदे पानी और गंगाजल में कोई भेद नहीं मानोगे...लेकिन, मैं परमहंस नहीं होना चाहता। दया करके मेरे 'टैप' को 'ठप्प' मत करना।"

'घायल' आ रहा है। नरेन्द्र घायल। मैंने इसका नाम दिया है—स्वामी मुश्किल आसानानन्द। पुनपुन की बाढ़ के समय भी सबसे पहले 'घायल' ही पहुँचा था। बीमारी के समय, अस्पताल में लगातार तीन महीने तक सेवा करता रहा। मैं तो, उसके जिला-जवार, गाँव-घर का भैया ही हूँ—किन्तु पटना के किसी भी दुखी और बीमार साहित्यसेवी की सेवा और सहायता के लिए वह सदा तत्पर रहता है—चाहे

वह पंडित शिवचन्द्र शर्मा हों या कोई अज्ञात कुलशील नया लेखक...आते ही उसने पूछा—"भाभी ! लगता है आपका गैस खत्म हो गया है। नाला रोड में पानी भरा हुआ है और गैस कम्पनी भी डूबा हुआ है..."

मैंने कहा—"अगर किरासन तेल की कोई व्यवस्था कर सको..."

"व्यवस्था क्या, ले ही आता हूँ।" वह उठ खड़ा हुआ। लतिका जी ने रोकते हुए कहा—"अरे, कहाँ जाते हो ? अभी तो चूल्हा सुलगा लिया है। चाय पी लो।"

मैंने कहा—"उस दिन फ्रेजर रोड पहुँच नहीं सका। डबलरोटी नहीं ला सका। डी. लाल की दुकान डूब चुकी थी। कार कम्पनी भी..."

"आ जाएगी रोटी भी। अशोक राजपथ पर मिल जाएगी।"

"अब तुम लगे न फरमाइशी..."

"और आपकी सिगरेट का क्या पोज़िशन है ?"

"सिगरेट तो है। लेकिन, हथुआ मार्केट खुला हुआ हो तो विश्वनाथ की दुकान से मगही पान..."

लतिका जी अब सचमुच क्रुद्ध हो गईं—"और, चार बोतल कोकाकोला ? नहीं घायल। कुछ भी नहीं लाना है...ऐसे दुर्दिन में आदमी को अपनी ज़रूरत कम करनी चाहिए और इनकी फेहरिस्त लम्बी होती जा रही है।"

जनाब सत्यनारायण दूसरे साहब कंधे से झोला-झब्बा लटकाए आए—घुटने तक पैंट समेटे। मैंने पहला सवाल किया—"स्टूडियो कितने पानी में है ?"

"कमर-भर।"

"फोटो लेते समय लोग गालियाँ तो नहीं देते, यानी 'हूट-ऊट' तो नहीं करते ?"

"यह आपको कैसे मालूम हुआ ? कुछ अजीब हालत है, इस बार...पत्रकार और फोटोग्राफर को लोग नाव पर चढ़ाना भी नहीं चाहते...मैंने तो पच्छिम पटना करीब-करीब कवर कर लिया है।"

"कहीं, शारदेय पर नज़र पड़ी ?"

"दो दिन पहले 'संगी होटल' में थे—ऐसा मालूम हुआ है...वह बम्बई चला गया होगा।"

"बोटानिकल गार्डेन के पशु-पक्षियों का क्या हाल है ?"

"पोल्ट्रीफार्म तो एकदम साफ है...बोटानिकल गार्डेन के भी कई जानवर बह गए हैं। कुछ डूब भी गए होंगे।"

दूसरे और घायल चाय पीकर चले गए। मैं फिर कुदरत का जलवा देखने

के लिए खिड़की के पास हो गया...अब वह किस मृत प्राणी की लाश आ रही है ? बहकर आनेवाली कोई भी छोटी-बड़ी चीज़ हमारे ब्लाक के पिछवाड़े में आकर मंद गति से इधर-उधर थोड़ा चक्कर काटती है। हमारे ब्लाक की अर्धवृत्ताकार इमारत के पास आकर, हर फ्लैट के नीचे से गुज़रती हुई, सड़क की ओर जाकर तेज़ धारा के साथ हो जाती है। शायद, बछड़ा है। नहीं। यह अलसेसियन कुत्ता है। दोनों कान शान से खड़े हैं ? रौब में कहीं कोई कमी नहीं। कान से पूँछ तक इसकी मुद्रा और तेवर देखकर ही समझ लेता हूँ—इसने बहादुरी से मौत को वरण किया है। मौत की छाया पर झपट्टे मारकर लड़ता हुआ मरा है।

...बाढ़पीड़ित ग्रामीण क्षेत्रों में मृत पशुओं की—गाय, बैल, घोड़े, बकरी आदि की— लाशें बहुत बार देख चुका हूँ...अलसेसियन कुत्ते की लाश, शहर की बाढ़ का प्रतीक, पहली बार देख रहा हूँ।

बाहर शोर हुआ—कुम्हरार में भी पानी घुस गया। कुम्हरार और कंकड़बाग में आज पानी घुसा है।

...अब प्राचीन पाटलिपुत्र (अशोक के पाटलिपुत्र) को धरती के नीचे से खोदकर उद्धार करेंगे या आधुनिक पटना को भूगर्भ में जाने से बचाएँगे ?

अब इधर-उधर—बाहर, भीतर कुछ भी देखने का मन नहीं करता। क्या करूँ। कुछ पढ़ने की चेष्टा की जाए...विश्वकवि की शरण गहूँ।

निबन्धमाला—द्वितीय खंड। पृष्ठ उलटाया और पढ़ना शुरू किया तो अचरज के मारे बहुत देर तक चुपचाप कमरे के कोने में बैठे ठाकुर को देखता रहा...यह कैसा संयोग ? पृष्ठ उलटाया और यहाँ भी बाढ़ का प्रसंग ?...यह क्या सम्पूर्ण 'काकतालीय'—संयोग है ?...और रवीन्द्रनाथ ठाकुर की भी पंछी की लाश पर ही दृष्टि पड़ी थी ?

पढ़ना शुरू करता हूँ—'शिलाइदह, 9 अगस्त, 1984...नदी एकेबारे कानाय भरे गेछे। ओ पारटा प्राय देखा जाए ना...आज देखते पेलूम, छोटो एकटि मृत पाखी स्रोते भेसे आसछे...और मृत्युर इतिहास बेस बोझा जाच्छे...किसी, एक गाँव के बाहर बाग में, आम की डाली पर उसका 'बासा' (घोंसला) रहा होगा। साँझ को 'बासा' में लौटकर संगी-साथियों के नरम-नरम गर्म डैनों के साथ अपना पंख मिलाकर श्रांत देह सो रहा होगा...हठात् पद्मा ने ज़रा करवट ली और पेड़ के नीचे की मिट्टी अरराकर धँस गई। नीड़च्युत पंछी ने हठात् एक मुहूर्त के लिए जगकर 'चें' किया, इसके बाद फिर उसको जगना नहीं पड़ा। मैं जब मफस्वल में रहता हूँ—रहस्यमयी प्रकृति के पास, अपने साथ अन्य जीव का प्रभेद

अकिंचित्‌कर उपलब्धि करता हूँ। शहर में 'मनुष्य-समाज' अत्यन्त प्रधान हो जाता है। वहाँ वे निष्ठुर रूप से अपने सुख-दुख के सामने अन्य किसी प्राणी के सुख-दुख की गिनती ही नहीं करते...एक पंछी के सुकोमल पंखों से आवृत्त स्पन्दमान क्षुद्र वक्ष के अन्दर जीवन का आनन्द कितना प्रबल है, इसे मैं अचेतन भाव से...भूले थाकते पारि ने...'

कलाकारों की रिलीफ़ पार्टी

आज सुबह से ही 'अपने लोग'–स्वजन-स्नेही, मित्र और प्रीतिभाजनजन–हमारी सुधि लेने आ रहे हैं। कोई खाली हाथ नहीं आता। एक हाथ में लट्ठ और दूसरे में हमारे लिए कोई-न-कोई आवश्यक सामान...सभी एक अभूतपूर्व 'मेकअप' में–लुंगी या धोती लपेटे, गंजी पहने। डॉक्टर रामवचन राय आए, तो उनके हाथ में जो लाठी थी वह उनसे भी वज़नी रही होगी। मैंने हँसकर कहा था–"आचार्य जी, लाठी में गुण बहुत हैं, सदा राखिए संग। नदि-नाला..."

परेस जी आए, हाथ में बोतल लेकर–"बहुत मुश्किल से एक बोतल ऊपर' किया है। आज-भर तो काम चल जाएगा न... ?"

बोतल पर 'ब्लैकनाइट' का लेबुल...हालाँकि काफ़ी मटमैला और बदरंग था। लतिका जी आतंकित स्वर में बोलीं–"यह...क्यों...फिर...फिर.. ?"

"जी, किरासन तेल !"

एक क्षण पहले ही जिनको मेरा कोई महामद्यप और 'माताल' मित्र समझकर दरवाज़े पर से ही विदा करने को सोच रही थीं लज्जित और पुलकित होकर उन्हें धन्यवाद देने लगीं–"अन्दर आइए न...भीगकर आए हैं। चाय पी लीजिए।"

मैंने लतिका जी से एकान्त में अनुनय किया–"तुम दया करके इनसे यह मत पूछा करो कि दाम कितना लगा। आर्टिस्ट लोग हैं, छोटी-सी बात से ही ठेस

लग जाती है इन्हें।''

अभी कुछ देर पहले डॉक्टर रामवचन राय एक बड़े झोले में हरी और टटकी सब्जियाँ भरकर ले आए—झिंगुनी, रामतोरई, करेला, परवल, फ्रेंचबीन, हरी मिर्च और चार दूधिया-नाजुक मकई के बाल...

लतिका जी ने औपचारिकतापूर्ण बातों के साथ ही पूछ लिया—''तीन-चार किलो तो ज़रूर होगा—सब मिलाकर। इतना ढेर क्यों ले आए ?...कितना दाम... ?''

मैंने बात को बीच में काटते हुए रामवचन जी से कहा—''असल दिक्कत किरासन तेल की है।''

''तोमार बस एकई कथा—किरासन तेल। नहीं, रामवचन जी, आप किरासन तेल मत लाइएगा। मैं भी अभी निकलूँगी, ले आऊँगी...देखिए न, आज सुबह से जो भी आते हैं सबसे बस किरासन तेल की दिक्कत...मैं तो डरी कि कहीं अपने नए 'जमाय' और 'कुटुंब' को भी किरासन तेल की दिक्कत सुनाकर फ़रमाइश न कर बैठें।''

परेस जी बैठे ही थे कि डॉक्टर रामवचन राय 'डालडा' के एक नए डिब्बे में किरासन तेल लेकर लौटे। इसके तुरन्त बाद ही श्रीमान घायल एक किरासन तेल वेंडर को ही गाड़ी के साथ लेकर प्रकट हुए—''लीजिए, कितना तेल लीजिएगा।'' घायल के हाथ में 'फैरेज़नी' की दो डबलरोटियाँ थीं—''अशोक राजपथ पर एक दुकान में मिल गईं...''

मित्रों के जाने के बाद लतिका जी की बेकार की बहस को मैंने समाप्त करने की चेष्टा की—''देखिए मैं, यानी पटना का एक लेखक, अर्थात् कलाकार, बाढ़ से घिरा हुआ हूँ...एरा आमार जातेर लोक,...ये हमारी बिरादरी के लोग हैं—लेखक, कवि, पत्रकार, कथाकार, आर्टिस्ट, अभिनेता—मेरी सुधि लेने आते हैं और मेरे लिए 'रिलीफ़' ले आते हैं। मुझे जिस चीज़ की ज़रूरत होती है उनसे बेझिझक कह देता हूँ...अपने को धन्य मानकर, उनके लाए हुए 'सौगात' को प्रसाद से भी अधिक पवित्र समझकर, निर्विकार चित्त से उपभोग करता हूँ। इसमें लाज-शर्म की बात अथवा 'जग-हँसाई' कहाँ है ?...हाँ, बेटी के ससुराल से आए हुए फल तथा अन्न को आप निश्चय ही अलग रख दीजिए।''

सरदारों की रिलीफ़ टोली आज दोपहर में भी रोटी-पानी बाँट गई है। आसपास के मकानों में बसेरा लिए हुए लोग गर्म-गर्म रोटियाँ खाते हुए बतिया रहे हैं—''पूरी से भी ज़्यादा स्वाद है इस रोटी में...कितना प्रेम से 'बाँट-बखर' करते हैं; न किसी को कम, न किसी को ज़्यादा...बोल रहे थे कि साँझ को भी 'लंगर' आएगा,

घबराना मत...ई 'लंगर' का है हो ?''...हँ हँ हँ—लंगर नहीं समझा—''यही जो खा रहे हो।''

अभी टेलीफ़ोन लाइन ठीक रहती तो कहीं से जाकर सीधे अपने पुराने मित्र सरदार चन्द्रमौलेश्वर सिंह को इन संवादों के साथ बधाई दे देता...चन्द्रमौलेश्वर नाम सिख नामावलि में असाधारण, 'अनकॉमन' और अजनबी भले ही हो—सरदार चन्द्रमौलेश्वर श्री पटणासाहब गुरुद्वारा प्रबन्धक कमेटी के जनरल सेक्रेटरी हैं। पंजाबी सिक्ख नहीं, पूर्णिया के सिक्ख हैं। इसलिए इतना मनोहर नाम है। हाँ, हमारे जिला में पन्द्रह-बीस टोलों के ऐसे-ऐसे बड़े गाँव भी हैं जहाँ अचानक पहुँचकर किसी को भ्रम हो सकता है कि हरियाणा अथवा पंजाब के किसी इलाके में आ गया है...ढोर चराते हुए सिक्ख, खेत गोंड़ते हुए सिक्ख, बैलगाड़ी पर सरदार, घोड़े पर—इधर-उधर हर तरफ़ छोटी-बड़ी, रंग-बिरंगी (और बदरंगी भी) पगड़ियोंवाले—छोटे-बड़े सरदार...गुरु तेगबहादुर ने असम जाते समय यहाँ गंगा पार कर डेरा डाला था और यहाँ के लोगों के बीच 'सतसंग' करके धर्मप्रचार किया था। पाँच धर्मप्रचारकों को वह छोड़कर गए थे। अब तो इस इलाके में दो गुरुद्वारे हैं—उचला में, लक्ष्मीपुर में। बोली, पूर्णिया के गाँव की ही बोलते हैं...हमारे मित्र सरदार श्री चन्द्रमौलेश्वर इसी इलाके के एक बड़े गाँव 'उचला' के निवासी हैं तथा तेगबहादुर द्वारा रखे गए पाँच धर्मप्रचारकों में से एक के वंशज हैं। इसलिए गुरुद्वारा पटना साहब की ओर से बँटनेवाली 'रिलीफ़' का थोड़ा श्रेय स्वयं लेता हुआ मैं कहता हूँ—''यह भी समझो कि...हमारे पूर्णिया के 'परताप' से ही...''

शाम को एक नया दल आया। एक मुहल्ले के कई प्रवासी बंगाली-बिहारी गायक, वादक, लेखक, गीतकार, कवियों ने मिलकर मुहल्ले के घर-घर से 'मुठिया' जमा किया। एक नाव किराए पर ले आए। अपने हाथों से रोटियाँ बेलकर, सेंककर, सब्जी पकाकर बड़े-गड़े 'देग' में ले आए हैं। दूध के चूरे और दवाइयाँ भी हैं...नाव पर खड़े एक युवक की सूरत अतिपरिचित-सी लग रही थी। वह भी मुझे उसी दृष्टि से देख रहा था और मेरी ही तरह भटक रहा था। मैंने पुकारा—''आलोक ? आलोकधन्वा ?'' वह हँसा। नाव से नीचे उतरकर हमारे फ़्लैट के नीचे आया। उसने दाढ़ी मुड़ा ली है और मेरी दाढ़ी बढ़ गई है, इसलिए...

मैंने फिर लतिका को छेड़ा—''बाहर आकर देखिए, हमारे तरुण कलाकारों की रिलीफ़ पार्टी।''

तरुण कलाकारों की नाव रोटी, सब्जी, दूध, दवा बाँटती हुई चली गई। मैं बहुत देर तक चुपचाप न जाने क्या सब सोचता रहा कि मन फिर कातर होने लगा। किन्तु अपनी क़सम की याद करके तुरन्त 'चंगा' हो गया।

लतिका देवी अपने सगे, सम्बन्धियों और छात्राओं का हाल-समाचार जानने के लिए निकल पड़ी हैं। मुझसे इस बार इस औपचारिकता का निर्वाह भी नहीं हो सकेगा—मुझे इसका खेद है।

इन दिनों छत पर पहुँचने का अर्थ है 'गांधी मैदान' पहुँच जाना; मतलब छत पर पहुँचते ही अपार जनता के बीच पहुँच जाना-सा हो जाता है। पहुँचते ही चारों ओर से प्रत्येक फ़्लैट के निवासियों द्वारा संचित, संग्रहीत तथा सम्पादित समाचार मिलने लग जाते हैं...इंडस्ट्रियल स्टेट में दरवाज़ा नहीं खुल सकने के कारण एक पूरा परिवार ही...किदवईपुरी में एक स्कूटर पर स्वामी-स्त्री और बच्चे की लाशें—स्वामी स्कूटर का हैंडिल एकदम 'टाइट' होकर पकड़े हुए था...एक लकड़ी के बक्से में दो बच्चे मिले। एक मर चुका था। बक्से के अन्दर एक चिट्टी थी...'हम लोग पानी से घिरे हैं। अगर आप लोगों में से किसी को यह बक्सा मिले...' 'अरे साहब, तटबन्ध को तो 'फ़लाना' ने उड़ा दिया है—वीमेंस कालेज में क्या हुआ सो मालूम है ?'

अब मैं ऐसी बातों से नहीं चिढ़ता। मुझे इन लोगों से अब सहानुभूति होने लगी है। बेचारे चारों ओर से पानी से घिरे हुए लोग, छत पर आकर कुछ सुन-सुनाकर अपनी 'बोरियत' को दूर कर लेते हैं...सम्भव है ऐसी विपदा की घड़ी में आदमी थोड़ा बेमतलब और बेसिर-पैर की 'नानसेंस' बोलकर कुछ राहत हासिल करता हो।

किन्तु, आज पहुँचते ही एक मतलब की बात की—बोरिंग रोड की ओर से किसी फ़्लैट में आकर टिके हुए एक पटनियाँ-बंगाली नौजवान ने बोला—"हम लोग अगस्त से लेकर अक्तूबर तक किसी भी स्थानीय समाचारपत्र के दो-तीन कालम को कभी नहीं पढ़ते थे—उत्तर बिहार की बाढ़ के समाचारों के कारण। हर वर्ष नियमपूर्वक आनेवाली हर बाढ़ को पिछले साल की बाढ़ से बढ़कर बताया जाता। किसी तटबन्ध का टूट जाना और फ़सल के साथ जान-माल की बर्बादी के समाचारों के कोई प्रभाव हम पर नहीं पड़ते थे। इसीलिए इस बार ऐसा लगता है कि...हे मोर अभागा देश, जादेर कोरेछो अपमान हते हबे तादेर समान..."

उस युवक को इस तरह आवेश में आकर आवेगपूर्ण आवृत्ति करते सुनकर उसकी फूफी या मौसी ने पुकारकर कहा था—"खोकन, की सब जा-ता देश-टेश निए जादेर-तादेर संगे तुई 'आबोल-ताबोल' बले बेड़ाच्छिस ?...नीचे चल !"

मन में हुआ कि टोकूँ—"की दीदी ?...आपनि रवि ठाकुरेर कविता के आबोल- ताबोल बलछेन ?" किन्तु फिर समझा कि वह 'भद्रमहिला' शायद ठीक ही कह रही है।

इंप्रूवमेंट ट्रस्ट के नए मकान की छत पर बाढ़पीड़ितों के कई परिवार एकत्रित होकर वार्त्तालाप कर रहे हैं। ऐसी ही ख़बरें वहाँ भी प्रसारित-प्रचारित हों रही हैं...कमला-बलान नदियों के इलाक़े में रहनेवाले एक व्यक्ति ने कहा—"जे दुख छोड़लहु घोराघाट, से दुख लागले रहल साथ...जिस दुख के कारण घोराघाट छोड़ा वह दुख साथ लगा ही रहा। कमला-बलान ने गाँव उजाड़ दिया, तो भागकर पटना आए। पटना आए तो—ले बलैया ! पटना में भी वही हाल !"

उसके साथी ने कहा—"पटना में भी वही हाल कैसे ? वहाँ, अपने गाँव में, बाढ़ के समय रहने को तिमंज़िला मकान मिलता था ! एँ ! बोलो ! ऐसन नरम-नरम, गरम-गरम रोटी और रसादार तरकारी वहाँ मिलता था ? ए ? बोलो ?"

"अयँ हो, रेडियो में तो बोलिस है कि होली-कफ्टर से बनल-बनावल, पकल-पकावल खाना गिरावल जाता है। मुदा इधर कहाँ गिराइस है एको दिन ? अयँ हो...?"

"सुनते हैं जी ? सरदार जी लोग के 'लंगर' में अभी जो पियाज की चटनी दिया था ऐसा स्वाद था कि क्या बतावें। कि सच्चो कहते हैं—टोकरियो-भर रोटी हम उत्ती-सी चटनी से खा जाते !"

"धेत्त मर्दे ! टोकरी-भर रोटी खाने का मिजाल है तुम्हारा ?"

शाम को साढ़े सात बजे पटना उर्फ़ फतुहा कैंप-केन्द्र ट्यून किया—"अब आप रामरेणु गुप्त से समाचार सुनिए... !"

तो आज न्यूज़ एडिटर श्री एस.एन. मिश्रा सदलबल फतुहा कैंप केन्द्र पहुँच गए हैं ?...रात में दो विशेष प्रसारण की विशेष सूचनाएँ प्रसारित की गई हैं।

लतिका जी रात के साढ़े आठ बजे लौट आईं, तो उधर से जितनी ख़बरें लेकर लौटी थीं उनमें से प्रायः सभी समाचार कुछ हेर-फेर के साथ मैं अपनी छत पर ही सुन चुका था।

...पानी में 'क्लोरिन' की मात्रा इतनी बढ़ा दी गई है कि चाय, कॉफी, रोटी, दाल सबसे बस एक ही स्वाद। कहते हैं क्लोरिन का दाँत के 'एनामेल' पर बुरा असर होता है !

...कल रात को काले भयावने बादलों को देखकर मुँह से सहसा निकला था और मैंने सिगरेट की डब्बी पर लिख दिया था—"तुम्हीं क्यों बाकी रहोगे आस्माँ !"...आज उसके नीचे दूसरी पंक्ति लिखकर प्रसन्न हुआ— "तुम ही क्यों बाकी रहोगे आस्माँ ! कहर बरसाकर शहर पर देख लो।" कहर 'बरसा' कर या 'बरपा' कर ? नहीं, बरसाकर ही ठीक है !...किन्तु मुझे सन्देह है कि ये पंक्तियाँ मेरी नहीं किसी और शायर की हैं...दुष्यंत को लिखकर पूछूँ। बहुत देर तक दुष्यंत

की एक ग़ज़ल की कई पंक्तियों को मन-ही-मन दुहराया। फिर शमशेर के शेर की इन दो पंक्तियों को तरन्नुम के साथ गुनगुनाता रहा—"जहाँ में अब तो जितने रोज़ अपना जीना होता है। तुम्हारी चोटें होनी हैं, हमारा सीना होना है। जहाँ में अब तो जितने रोज़..."

शायद क्लोरिन में अन्य गुण-अवगुण के अलावा शीघ्र सुलाने की भी थोड़ी शक्ति होती है। बिछावन पर लेटा और सम्भवतः दस मिनट के बाद ही गहरी नींद आ गई।

सुबह साढ़े छह बजे छत पर दौड़-धूप और आपाधापी से नींद खुली...आकाश में एक साथ कई विमानों की सम्मिलित भनभनाहट...हाँ ! हाँ ! लगता है इसी में हैं। इसी में...? इंडियन एयरफ़ोर्स का प्लेन है न ? तब इसी में हैं !...

उठकर खिड़की पर गया। आज अभी भीड़ कम है। बाहर, भीतर सभी लोग आसमान की ओर आँखें उठाकर देख रहे हैं। 'एहि में हौ...एहि में हौ ? एहि में...बीचवाला में...हमको तो आवाज़ से ही पता लग गया कि यही प्लेन है।'

आकाशवाणी से प्रसारित प्रत्येक बुलेटिन में कल से ही कहा जा रहा है कि सेना के विमान और हेलिकॉप्टरों के द्वारा बाढ़ में फँसे हुए लोगों को सुरक्षित स्थानों में भेजा जा रहा है और पके-पकाए भोजन के पैकेट गिराए जा रहे हैं ! अतः हवाई जहाज़ की आवाज़ सुनते ही सभी की आँखें आकाश की ओर टँग जाती हैं...कहाँ गिराया कुछ ?

दरवाज़े की कुंडी खड़की...सुबह साढ़े सात बजे ही पानी हेलकर सुधि लेने कौन 'उदार बंधु' आ गए ? बिछावन छोड़ना ही पड़ा...पास-पड़ोस के ब्लॉक के दो-तीन सज्जन। उनका अधेड़ अगुआ आगे बढ़कर बोला—"आपको थोड़ा कष्ट दिया। माफ़ किया जाए। देखिए, तीन दिन हो गए। अब तक हमलोगों के चारों ब्लाक में एक भी नाव नहीं मिली। सुना है कि 'कलेक्टेरियट' में 'ज्वायंटली' जाकर कहने से नाव मिलती है। तो सोचा कि आपको ही अगुआ बनाकर ले चलें। आपके रहते फिर..."

"मुझे ? अरे...मेरे लिए तो...मुश्किल है...मैं तो इतना लाचार हो गया हूँ...कि," मैं हकलाने लगा।

"क्यों-क्यों ? बीमार-उमार हैं क्या ?"

"मेरा चेहरा देखकर आप कुछ नहीं समझ सके ?"

"हाँ, हाँ। इधर थोड़ा कमज़ोर लग रहे हैं। तो क्या तकलीफ है ?"

साथ में आए हुए नौजवान को मालूम था कि मैं पेप्टिक अलसर का मरीज़ हूँ। उसने कहा, "पेप्टिक अलसर है तो आपरेशन क्यों नहीं करवा लेते ?"

"आपरेशन नहीं। इसको इंडियन मेडिकल इंस्टिट्यूट-दिल्ली में डॉक्टर आत्मप्रकाश के द्वारा 'फ्रीज़' करवाना है।"

"यह फ्रीज़ क्या होता है ?"

"होता है..."

"माफ़ किया जाए। आपको कष्ट दिया।"

"साला, मिथ्येवादी, बेइमान जोच्चोर...झूठा। भाग यहाँ से।" कमरे के कोने से मुझ पर दनादन गालियाँ दागी गईं। ऐसी गालियाँ सुनकर मन प्रसन्न हो जाता है...तो ठाकुर प्रसन्न है !

"तुम तो जानते हो ठाकुर, मैंने एक शब्द भी झूठ नहीं कहा। मैंने यह भी नहीं कहा कि पेप्टिक अलसर के कारण उनके साथ जाने में असमर्थ हूँ... अब तुम्हीं बताओ न, नाव लेकर मैं क्या करता, अथवा वे ही क्या करेंगे ? उधर सारा पच्छिमी पटना अगम पानी में है–आप छाती-भर पानी में ही हैं। कहीं डुबाव पानी तो है नहीं। कहीं से एक नाव मिल भी गई तो रोज़ आपस में ही सिर-फुटौवल..."

सुबह आठ बजे का समाचार सुनकर ही समझा कि लोग आज सुबह साढ़े छह बजे आकाश की ओर हवाई जहाज़ को क्यों देख रहे थे। केन्द्रीय खाद्यमन्त्री के बाद स्वयं प्रधानमन्त्री हवाई सर्वेक्षण करने के लिए (आई थीं) आए थे।

आज पानी घटा है। अविराम बहती हुई धारा की गति और भी मंद हुई है। बाढ़ के जल में अब एक विचित्र-सी महक आ गई है...आज एक भी नहानेवाला नहीं, कहीं भी। पानी में नहाते हुए ऊधमी लड़कों ने कई दिनों से जी को काफी कुढ़ाया था। आज वे नहीं हैं, तो लगता है कहीं ज़िन्दगी है ही नहीं...जलप्रलय में भी वे जलकेलि करते रहे। रोग के कीड़ों की पर्वाह किए बिना राजेन्द्रनगर गोलम्बर के गोल पार्क के चारों ओर 'तेज़ गति से चक्कर मारनेवाली' इस अभूतपर्व 'नई नदी' में नहानेवाले लड़के सब आज कहाँ चले गए ?

एक नाव से मेडिकल स्वयंसेवकों की टोली एलान कर रही है–"भाइयो ! बाढ़ के कारण पटना नगर में तरह-तरह के संक्रामक रोगों के फैलने की आशंका है। आपके दरवाज़े पर हमारे स्वयंसेवक टीका लगाने पहुँच रहे हैं। कृपया, फौरन टायफायड तथा हैज़े का टीका ले लें।"

एलान सुनकर मन में तुरन्त सवाल उठा–'इतनी दवाइयाँ अभी मौजूद होंगी ? अथवा...बाहर से आनेवाली दवाओं के समाचार के आधार पर... ?'

रेडियो से बिहार के बाढ़पीड़ितों के लिए 'दान' मिलने के समाचार निरन्तर आ रहे हैं..."रोटियाँ, दूध के चूरे, पक़े-पकाए भोजन, विटामिन की

गोलियाँ, दवाइयाँ, रुपए—अनाज...''

रात में छत पर सुना—कल हमलोगों के इलाक़े पर—राजेन्द्रनगर-लोहानीपुर में हेलिकॉप्टर से खाने के लिए सामान गिराए जाएँगे।...कल दिल्ली से और भी कई बड़े मन्त्री आ रहे हैं...सेना ने पटना शहर को बचाने का काम अपने हाथ में ले लिया है। आर्मी के जवानों ने बचावकार्य शुरू कर दिया है...राजेन्द्रनगर में कल खाद्यसामग्री गिराए जाने की बात एकदम पक्की है। देख लीजिएगा !

और सचमुच दूसरे दिन सुबह सात बजे से ही राजेन्द्रनगर में 'एयरड्रापिंग' का काम शुरू हो गया।

...आकाश में एक दैत्याकार आँखफोड़वा-टिड्डा जैसा भूरे रंग का फौजी हेलिकॉप्टर, साइरन की तरह अविराम पतली सीटी-सी बजाता हुआ घोर गर्जन करता हुआ, छतों पर धूल का धूर्णिचक्र उड़ाता, 'लो-फ़्लाइंग' करके धीरे-धीरे नीचे की ओर आता है। 'थुथने' को तनिक आगे की ओर झुकाकर, पूँछ ऊपर किया...। गरगराहट और भी तेज़ हो गई और लो...लो...वह गिरा बड़ा बक्सा है...कार्ड बोर्ड का बक्सा...हा-हा...

'सीं-ईं-ईं-ईं-ईं...गरगरगरगरगरगर...गुड़रगुड़रगुड़र...सीं-ईं-ईं-ईं-ईं-गरगरगरगरगर—एक और आ गया उधर से...उस छत पर एक बक्सा फिर गिरा। एक नहीं दो ?'...सिं-ईं-ईं-ईं—गरगरगरगर...इस छत पर भी गिरेगा, अपने छत पर भी गिरेगा...सिंईं-ईं-ईं—पाइलट सिख नौजवान है, हँस रहा है...ए, देखो। होशियार। बच्चों को पकड़ो। उड़ जाएँगे...वह चटाई उड़ी...साड़ी-ब्लाउज़-तौलिया सब उड़ा...सिंईं-ईं—गरगरगरगर...गिरा, गिरा...

निश्चय ही उनके पास मूवी कैमरा होगा। उनके पास—अर्थात् हेलिकॉप्टर पर जो लोग बैठे हैं ?...कैसे लगते होंगे ऊपर से हर छतों के दृश्य...सभी मकान के मुँडेर पर औरत-मर्द-बच्चे, इधर से उधर दौड़ रहे हैं, ऊपर की ओर हाथ पसारे। एक-दूसरे को धकेलते, गिरते-पड़ते लोगों के झुंड, हर मकान के छत पर.. ?

...सिं-ई-ई-ई-ई-गरगरगरगर-गुड़र-गुड़रगुड़र—अपने छत पर कोई लाल फ़्लैग नहीं ? लाल फ़्लैग दिखलाओ...यहाँ भी गिराओ...ओ मिस्टर पाइलट—ऑन दिस रूफ़...पाइलट साहेब, इधर भी...इधर भी...अरे यहाँ कुछ बिछा दो—सिगनल दो, यहाँ गिरावेगा...यहाँ- यहाँ...ए, पाइलट साहेब, सर्दार जी—ई...गिराइए... गिराइए...ए, लाल 'फ़्लैगिंग' करो...सिं-ईं-ईं-ईं-ईं-गरगरगरगर—गुड़रगुड़रगुड़र... यहाँ...इस छत पर क्यों नहीं गिरता ?...सिं ईं ईं ईं ईं। गरगरगरगरगर...।

मानुष बने रहो

पानी की धारा एकदम मन्द हो गई। पानी का रंग धारा की गति के साथ ही धीरे-धीरे बदल रहा है। बहाव बन्द होते ही पानी का रंग कुछ ही घंटों में हरा हो जाएगा। पानी हर हरे रंग की पपड़ी जम जाएगी और हवा में सूखी मछली की गंध जैसी 'बिसाइन' महक।

आज कई स्थानीय दैनिक पत्रों ने एक पन्ने का 'अंक' निकाला है। पत्रकार मित्र सूर्यनारायण चौधरी कई हिन्दी-अंग्रेजी अख़बार लेकर आए। डेढ़ पृष्ठों में टेंडर, वांटेड, विश्वविद्यालयों तथा अन्य सरकारी-अर्धसरकारी संस्थानों की विशेष विज्ञप्तियाँ। बाकी में पटना नगर की बाढ़ के सचित्र समाचारों के बीच-बीच में यत्र-तत्र 'बाक्स न्यूज' : दिल्ली से इतने हजार किलोग्राम माडर्न रोटी आ रही है। दिल्लीवालों के दैनिक राशन में रोटी की कटौती : विदेश से 'केक' और 'चीज़' भी : आगरे के पेठे : कलकत्ते से भी रोटियाँ : प्राण-रक्षक दवाइयाँ और कपड़े।

अख़बार पढ़ने के बाद बात समझ में आई कि क्यों कुछ देर पहले छत पर भाईसाहब इतने उत्तेजित, असंतुष्ट और क्रुद्ध थे। निश्चय ही उन्होंने आज का अख़बार पहले ही पढ़ लिया था। हमारी छत पर हेलिकॉप्टर से पाँच पैकेट जो गिरे थे उनमें से तीन, भाईसाहब तथा उनके परिवार और सगे-सम्बन्धियों के हाथ लगे थे और तीनों में बस चिउरा, भुने चने, पॉप कार्न और दालमोठ ? बाकी दो पैकेट

में भी यही चीज़ें थीं। भाईसाहब के मुँह से, घुले हुए पान की जाफरानी पीक की गुड़गुड़ाहट के साथ लानत-भरी आवाज़ निकली–"क्या तमाशा है !" फिर, पीक थूककर चालू हो गए–"एज इफ वी आर लेबरर...तमाशा है...दिल्ली का ब्रेड कहाँ है ? बतलाइए। बटर, केक, 'चीज़' कुछ भी नहीं, सिर्फ़ चूड़ा-चना फरही ?... बोरिंग रोड, कृष्णापुरी या पाटलिपुत्र कोलोनी की बात छोड़िए–यहीं, अभी राजेन्द्रनगर में ही कंट्राक्टर, फलाने प्रसाद सिंह के एरिया में जो पैकेट गिराए गए हैं सबमें 'ए-वन' चीज़ें–मतलब, ब्रेड-बटर-चीज़ सबकुछ–और हमलोगों की छत पर सिर्फ़ ये 'रॉटन' चबेने ? बोलिए, इसका क्या जवाब है ? ऍं ?...खुद, सरकारी रेडियो बोलता है कि 'राजेन्द्रनगर इज ए पाश-एरिया–' आलीशान इलाका है राजेन्द्रनगर और वहाँ गिराई जाती हैं...दिस इज शीयर पार्सियालिटी...नहीं तो और क्या...अरे साहब, खा गया–खा गया, सब खा गया..."

"जो कुछ मिला है आप भी चबा लीजिए। वरना..."

"वरना, क्या... ?"

"वरना, नरम हो जाने पर कुरमुराहट नहीं..."

"हुँह ! चबा लीजिए ?...आई एम नाइदर ए विलेजर नार ए लेबरर, आर ए बेगर..." मेरे मुँह पर अपनी मुँहतोड़ अंग्रेजी में 'रिटर्न शॉट' मारकर भाईसाहब का क्रोध तत्काल कुछ कम हो गया। अपनी एक 'केलिकुजिंका'* से उन्होंने कहा–"पैकेट ले जाओ और उधर 'झोपड़पट्टी' से जो लोग आए हुए हैं उन लोगों को 'डिस्ट्रिब्यूट' कर दो...खा गया, सब खा गया... !!"

बाकी दो पैकेट पानेवालों ने अपनी छत पर उपस्थित लोगों के बीच 'भाग बँटवारा' कर लिया था। चूड़ा और दालमोठ चबाता हुआ प्रोफेसर साहब का नौकर कहता है–"चूड़ा बहुत 'फाइन' है और दालमोठ एकदम पियोर पोस्टमैन में छाना है..."

भाईसाहब नीचे गए तो मेरे पास एक दूसरे सज्जन सरककर आ गए। नम्र और दबी हुई आवाज़ में (फुसफुसाहट में) उनकी शिकायत थी : "उधर प्लास्टिक के बड़े-बड़े 'कैन'...हाँ, इतने बड़े कि उसमें क़रीब चार घड़े पानी तो ज़रूर... एकदम मिल्की व्हाइटकैन के मुँह पर टाइट किया हुआ जेड ब्लैक कैप... लवली...मैंने कल खुद अपनी आँखों से देखा है। हेलिकॉप्टर से गांधी मैदान में पानी पर 'थपाथप' गिराया गया, वहाँ से आर्मी का आदमी बटोरकर नाव पर लेकर

* दस साल पहले दिल्ली में, अपनी पत्नी की छोटी बहन का परिचय देते हुए डा. सुरेश अवस्थी ने किसी संस्कृत कोष का हवाला देकर अर्थ सहित यह शब्द बताया था। उन्होंने 'सिरियसली' कहा था या दिल्लगी में, नहीं कह सकता किन्तु तब से मैं इस शब्द को भद्रतापूर्वक व्यवहार में लाता हूँ।

वेस्ट पटना की ओर चले गए...मानता हूँ कि हम लोगों के एरिया में पीने के पानी की कमी नहीं है लेकिन, कैन... ?"

"उस छत पर अभी ही लाल फ्लास्क—छोटा—गिराया है।"

"उधर, लोहानीपुर की एक छत पर कपड़े का बंडल भी गिरा है...शायद, गलती से गिर पड़ा है।"

"एयर ड्रापिंग दो तरीके से करते देखा। एक, मुँह की ओर से—पाइलट के बगल में बैठकर, दूसरा—दुम की ओर से। मुँह की ओर से गिरानेवाला, पैकेट गिराते समय दुम ऊपर की ओर उठाकर, मुँह नीचे की ओर झुका लेता है और दुम की ओर से गिरानेवाला सिर ऊपर की ओर उठा लेता है...कभी-कभी इतना क़रीब आ जाता है कि उस छत पर लगा कि एक आदमी को हाथों-हाथ पैकेट दे दिया...धन्न है।"

अभी रेडियो से एक आवश्यक सूचना प्रसारित करके लोगों को सावधान किया गया है : 'कृपया अपनी छतों पर ऐसा सामान नहीं रखें जो उड़ सकते हों। हेलिकॉप्टर जब आपकी छत के ऊपर पहुँचे तो उस समय कपड़े, चटाई, किताबें वगैरह हटा लें; और छोटे बच्चों को भी...'

छोटे बच्चे ही क्यों हेलिकॉप्टर के बवंडर में पड़कर क्षीणकाय अल्पप्राण बड़े-बूढ़े भी उड़कर जा सकते हैं...और औरतों को चाहिए कि हेलिकॉप्टर के नीचे जाने के पहले दक्षिणी ढंग से साड़ी पहन लें। नहीं तो, जैसा कि अभी देखा—सारी बीच नारी है कि नारी बीच सारी है कि सारी है कि नारी है कि...खाली बस नारी है।

कुंडी खड़की...मेडिकल कालेज के तीन-चार विद्यार्थी हाथ में स्टील के छोटे-छोटे बक्स लेकर खड़े हैं—'हैज़े की सूई'। मेडिको-वालेंटियर की टोली को 'गाइड' कर रहा है, हमारे ब्लाक का किशोर टोमेटो। बेचारा थोड़ा तुतलाता है और उत्तेजना अथवा उत्साह में तुतलाहट बहुत बढ़ जाती है। हमारे ब्लाक के रवि जी तो मेडिकल स्क्वाड के साथ ही हैं ? भाई। वह हैज़े और टाइफाइड दोनों एक ही साथवाली दवा नहीं है ? क्या नाम है उसका। टी.ए. ...? सिर्फ़ हैज़े की सूई ? तब तो दो बार ?...लगा दो दाहिने हाथ के बाँह पर ही। अब मेरे दाएँ और बाएँ हाथ में कोई फर्क नहीं...इतनी बार सूई ली है, फिर भी सूई देखकर तनिक घबरा ही जाता हूँ। और हैज़े की सूई का दर्द बाढ़ में इतना बढ़ जाता है कि...बस, धन्यवाद... !

मेडिको-वालेंटियर ने बुखार की गोलियाँ, आँख में डालनेवाली दवा और बोरिक पाउडर की पुड़िया दी...जियो। सुखी रहो !!

पास के ही एक फ़्लैट के सभी निवासी, जो अब तक बाहर खड़े हँस-बोल रहे थे, अचानक अन्दर चले गए। फ्लैट एकदम निःशब्द ! टोमेटो ने कुंडी खड़काई। अभिभावक ने दरवाज़े पर प्रकट होकर ऐसी मुखमुद्रा बनाई मानो पूजा का चंदा माँगनेवाले लड़कों से निबटना है—"क्या है ? हैज़े की सूई ? हम लोग तो ताज़ा-ताज़ा गरम-गरम खाते हैं। बासी चीज़ें नहीं खाते। सूई लेने की क्या ज़रूरत ?"

टोमेटो हकलाता है। किन्तु, कभी-कभी मौके पर वाजिब जवाब देते समय उसकी बोली ज़रा भी नहीं अटकती। उसने कहा—"एक आप ही लोग ताज़ा और गरम खाते हैं, बाकी सभी लोग बासी, ठंडा और सड़ा-गला खाना खाते हैं, क्यों ?"

दरवाज़ा सशब्द बन्द हो गया। सीढ़ियों से उतरते समय एक लड़का बोला—"असल बात कुछ और है। हमलोगों के साथ कोई लेडी स्टूडेंट नहीं है न। और इस फ्लैट में सब मिलाकर ज़्यादा..."

"लेडी स्टूडेंट नहीं। कल से बी.एस.एफ. के जवान रहेंगे साथ। तब देखना कि बिना चीं-चपड़ किए किस तरह..." शायद, रवि जी बोल रहे थे।

अपने ब्लाक के, एक 'हीरा लड़का'—रंजन की याद आती है। स्वस्थ, सुन्दर, सभ्य और उत्साही। राजीव रंजन। अभी रहता तो निश्चय ही अपने साथियों का अगुआ होता। ढाई महीना पहले मोटर-दुर्घटना में उसकी मृत्यु हो गई...

"आ रहा है। हेलिकॉप्टर फिर आ रहा है।"

हमारी पूसी बिल्ली सुबह से ही आतंकित है। हेलिकॉप्टर जब तक हमारे ब्लाक के ऊपर मँडराता रहा, वह अपने नवजात बच्चों को मुँह में लेकर, इस कमरे से उस कमरे में सुरक्षित स्थान में पहुँचाती रही। उसके बाद से हवाई जहाज़ की भनभनाहट सुनते ही वह दौड़कर अपने बच्चों के पास चली जाती है। मैं उसको डराने के लिए बीच-बीच में कहता हूँ—"आ रहा है हेलिकॉप्टर।" और वह दौड़कर अपने चार दिन के बच्चों के पास पहुँच जाती है।

...आ रहा है। सचमुच, फिर आ रहा है। अब, शायद दोपहर का भोजन—लंच—देने आ रहा है। बिहटा से नहीं, पटना कालेज के मैदान में हेलिपेड बनाया गया है। वहीं से हेलिकॉप्टर में सारे पैकेट 'लोड' किए जाते हैं, यहाँ का मेला अब वहाँ चला गया है। हेलिकॉप्टर को उड़ते और धरती पर उतरते देखने के लिए हमेशा जनसमुद्र उमड़ा रहता है। वहाँ गेट पर कड़ा पहरा है, इसके बावजूद...'आ गया। चलो छत पर। एक भी बाहरी आदमी को अपने ब्लाक की छत पर मत रहने देना...कोई लाल कपड़ा ले लिया है न ? आ गया। ए ! इस बार चिल्लाओ मत। ऐसी ज़ोर की गरगराहट में चिल्लाने से क्या फायदा ? हाथ के इशारे से

बताओ–हम भूखे हैं, प्यासे हैं।'

पॉश एरिया–आलीशान इलाके की सभी आलीशान इमारतों की छतों पर नर-नारियों की भीड़। धोती-लुंगी-पैंट-अंडरवियर-जाँघिया-साड़ी-बेलबाटम-फ्राक-सलवार-मेक्सी-मिनी में झुंड-मुंड !! एक साथ दौड़ते, कभी इधर कभी उधर। सभी के दोनों हाथ ऊपर आसमान की ओर उठे हुए अथवा हेलिकॉप्टर को अपनी छत की ओर बुलाते हुए, इशारा बताते–लाल झंडियाँ हिलाते हुए।

"...सीं-ई-ई-ई-गरगरगरगर-गुड़रगुड़र...आ गया, अपने छत पर भी आ गया। अरे रे। फिर कपड़े-कागज़-पत्तर सूखे पत्ते उड़े...गिरा ! गिरा ! इस बार तो पैकेट की वर्षा हो रही है। बगल हो जाओ। गिरा, गिरा। क्या है ? लोफ, लोफ...डबल रोटी गिर रही है इस बार...दौड़ के। लपक लो। हट जाओ। मेरा है, मैंने लूटा। इधर कहाँ ?...वाह ! बहादुर लड़की है...बहादुर नहीं, लुटारू ललना। फिर आएगा। तैयार रहो...

सुबह से ही, जब पहली पैकेट गिराए जा रहे थे, तभी से 'एयर ड्रापिंग' के इस अभूतपूर्व दृश्य के 'बैक ग्राउंड' में एक फ़िल्मी रिकार्ड बजाने का मन कर रहा है। किस फ़िल्म का वह गाना है, नहीं जानता। किन्तु 'मुखड़ा' से लेकर ताल और बोल सब एकदम फिट। अगर मेरे पास रिकार्ड प्लेयर होता और वह रिकार्ड होता तो हर बार एयर ड्रापिंग के समय छत पर निश्चय ही बजाना शुरू कर देता।

चूँकि, मेरे पास कुछ भी नहीं। इसलिए पैकेट गिराते समय मेरे मन में वह गाना मय म्यूजिक और मुखड़े के–कुछ नए 'बोल' लेकर बजता रहता है। सीं-ईं। ई। ई–गरगरगरगर–गुड़रगुड़रगुड़र–आ गया जी आ गया। गिरा गिरा गिरा...लूट लूट लूट ले...ए पायलट साहेब...पैं-पैं-पैं पपम पपम में-ए-ए खाना मिलेगा, पीना मिलेगा, भैया की शादी है सबकुछ मिलेगा, खाओ मेरे यार, पीओ मेरे यार। लूटो मेरे यार, मीटो मेरे यार...पैं पैं पैं पपम पपम-पैं-ए-ए-पायलट साहेब, इधर भी गिराइए। ज़रा रहम खाइए, यों ना दौड़ाइए। पानी भी पिलाइए। फ्लास्क भी गिराइए। इधर-इधर-इधर गिरा, उधर-उधर-उधर गिरा। क्या-क्या गिरा, क्या-क्या लूटा। एँ...ये...चूड़ा-चना दालमोंठ ? छोड़ो नहीं यार, फाँको मेरे यार। जो भी गिरे लूट ले, जो भी मिले ठूँस ले। महँगा है फोकट का माल...पैं...पै...पैं पपम पपम पैं-एँ...

"अरे ? तुम यहाँ बैठो हो। ऊपर छत पर जाकर देखो..."

"पाँवरुटिर वृष्टि होच्छे"–लतिका हड़बड़ाती हुई आई।

"सिर्फ़ पाव रोटी या उसके साथ और भी कुछ ?"

"पोलिथिन पेपर के बड़े-बड़े पैकेट गिराए जा रहे हैं। पता नहीं उनमें और

क्या-क्या है।''

दिल्ली की—कलकत्ते की रोटी, आस्ट्रेलियन मक्खन, यू.के. का केक, चीज़ और आगरे के पेठे ? मेरी रसना अचानक रसवंती ही नहीं—बाढ़ आ गई मुँह में। बिना चप्पल के ही छत पर दौड़ा। किन्तु, पहुँचते ही हेलिकॉप्टर के बवंडर ने मेरे सिर पर, बाल-आँख-कान, मुँह में टोकरी-भर धूल झोंक दिया। पनिआई हुई जीभ अचानक सूखकर काठ-जैसी हो गई। छत के एक कोने में दीवार के सहारे खड़ा होकर धूल झाड़ रहा था, आँखें मल रहा था कि एक उछलती-कूदती किशोरी-सी दीखनेवाली कन्या ने मेरे हाथ में एक थैला थम्हाते हुए कहा—''यहाँ इस तरह खड़ा रहिएगा तो कुछ भी नहीं मिलेगा। लीजिए।''

'माल' से भरा थैला लेकर नीचे उतर आया। लतिका जी के आगे यह आस्मानी तोहफा डालकर सीधे नहाने के घर में घुसा...मेरी देह के प्रत्येक रोमकूप में धूल के कण समा गए थे और सारे शरीर में खुजली और जलन हो रही थी। ऊपर छत पर कुहराम और हाय-तोबा जारी था—''लेकिन, मार्डन का ब्रेड कहाँ है ? यह तो लोकल अन्नपूर्ण है...दिल्लीवाली रोटी नहीं गिराई ? बटर-केक-चीज़ कुछ भी नहीं है ? पेठा भी नहीं ?...तमाशा है ! ब्रेकफास्ट के समय इधर चना-चबेना और अभी लंच में भुआई हुई फफूँद-लगी लोकल लोफ...असल माल सब उधर ही...खा गया ! सब खा गया !''

दरवाज़े पर आकर एक 'भद्र स्त्री' भाषण देने लगी—''यह तो ग़रीबों को बाँटने के लिए गिराया जा रहा है। हमलोगों ने सुबहवाला सब सामान बाँट दिया है और अभी भी जितना मिला है, सब ग़रीबों को दे देंगे।''

लतिका कह रही थी—''हम लोग भी बाँट देंगे। रिक्शेवाले हैं, दाई है।''

किन्तु, वह भद्र स्त्री कहती जा रही थी—''दाई और रिक्शावाले ग़रीब थोड़ो हैं। हम लोग उधर जाकर...''

मैं बाथरूम में नहाता हुआ ठंडे दिमाग से सबकुछ समझ रहा था...बात यह हुई होगी कि इनकी छोटी बहन ने कहा होगा कि एक थैला 'तीस नम्बर' को दे दिया। इस पर परिवार के सभी उसकी मूर्खता पर नाराज़ हुए होंगे और उनको विश्वास हो गया होगा कि तीस नम्बर को जो थैला दिया गया है, उसी में सब 'असल माल'—माडर्न ब्रेड, बटर, केक, चीज़ और पेठे...

''आपसे यह किसने कह दिया कि हम गरीब नहीं हैं ?'' मैं बाथरूम से बाहर निकलकर बोला।

हमने दरवाज़ा बन्द ही किया था कि दस्तक पड़ी। खोलकर देखा, इंप्रूवमेंट ट्रस्ट के नए मकान के बाढ़पीड़ितों का एक छोटा-सा जत्था—चार-पाँच छोटे-छोटे

लड़के-लड़कियाँ और दो-तीन मर्द, एक औरत—''बाबू ! मालूम हुआ है कि हजूर एक झोला भरकर रोटी लूटे हैं...बच्चा सब भूखल है।''

यह पूछने की ज़रूरत नहीं समझी कि कहाँ और किससे मालूम हुआ है। थैला उनके सिपुर्द कर दिया। जत्थे के अगुआ ने रोटियों को गिनकर कहा—''बस ? ई तो छवे गो है। मालूम हुआ कि...''

उस दिन साँझ तक हर दस-पन्द्रह मिनट के बाद दरवाज़े की कुंडी खटखटाती रही—''बाबू ! सुना कि आपको एक बोरा रोटी और विलायती गुलगुला और दूध का पौडर हाथ 'लगल' है...अरे हजुर बाबू साहब ! आप लोगों को भगवान जी बहुत दिया है...'कोनों' चीज़ का 'कम्मी' है ? थोड़ा 'गरीबो' का खियाल करिए...एक तो गिरानेवाला एक 'चश्मखोर' कि जहाँ पर गिराना चाहिए वहाँ नहीं गिराया तिस पर आप लोग 'बाबू भैया' होकर ऐसा 'गरीब मार' करिएगा तो... गरीबन के हक...भला उतना बड़ा थैला में 6 वें गो रोटी होगा...खाली रोटिए होगा भला... ?''

''भद्र स्त्री ने अच्छी सजा दी !''

दो दिन तक सुबह से शाम तक तीन-चार बार, दो-दो हेलिकॉप्टर हमारे गोलम्बर के ऊपर 'लो फ्लाइंग' करके रिलीफ बरसाते रहे। उनकी गरगराहट मनमनाहट की प्रतिध्वनियाँ, छत पर (सिर पर) 'भूत-नृत्य' करते हुए लोगों का कुहराम...उनकी धमाचौकड़ी सहते-सहते अनायास ही तन पत्थर का तथा मन 'संत' का हो गया है।

एक ओर, गुरू-गौरव गर्जन के साथ ऊपर से करुणा और दया बरसाई जा रही है। दूसरी ओर स्वयंसेवी संस्थाएँ चुपचाप ट्रकों, नावों और ठेलों पर खिचड़ी, चावल, रोटी, दूध, नमक, पानी, मोमबत्ती, दियासलाई, कपड़े और दवाइयाँ—स्लम तथा गरीब मुहल्लों में बाँट रही हैं। रोज़-रोज़ कोई-न-कोई नई राहत की घोषणा होती है। प्रत्येक 'कार्ड होल्डर' को पाँच किलो गहूँ मुफ्त : रिक्शाचालकों को भी। पाँच किलो अनाज मुफ्त में मिलेगा। सरकारी कर्मचारियों को पन्द्रह दिनों का वेतन अग्रिम मिलेगा। सिर्फ़ पन्द्रह ही दिनों का नहीं...पुनर्विचार के बाद फैसला लिया गया है। एक महीने का वेतन बतौर अग्रिम मिलेगा जिसका भुगतान बाद में धीरे-धीरे किया जा सकेगा। सेना के सभी अंग राहत में लगे हुए हैं। जलसेना

(नेवी) को भी सतर्क और तैयार रहने का आदेश दिया गया है। बी.एस.एफ. के जवान डॉक्टरों को लेकर संक्रामक रोगों से बचने के लिए लोगों को टीके... ! और एंफिबियन (मेढ़क गाड़ी) आ रही है जो जल और थल में समान रूप से दौड़ेगी...

पानी का बहाव बन्द होने के बाद सड़ाँध के साथ 'ब्लिचिंग-पाउडर' की उत्कट गंध से हवा बोझिल रहती है। किन्तु, मेरी पंचेंद्रियों में से अधिकांश शिथिल हो गई हैं। इसलिए, किसी तरह का कष्ट नहीं हो रहा।

ऐसी ही मनःस्थिति में—पता नहीं क्यों—सेल्फ से 'परती : परिकथा' निकालकर ले आता हूँ। थोड़ी देर, पृष्ठों को उलट-पलटकर पढ़ने की चेष्टा करता हूँ। पढ़ता हूँ—कोनार नदी के किनारे—डैमसाइट पर, एक विशाल 'क्रेन' की छाया में बैठते हुए कहा था जीत ने—न जाने कोसी का काम कब शुरू हो...यह मेरा इलाका है। कोसी- कवलित अंचल। जहाँ हर साल लाखों प्राणियों की बलि लेती है कोसी महारानी...

''जितेन्द्र ने इरावती से कहा था—'आपका दुख मैं समझता हूँ। अनुभव करता हूँ, आपके यहाँ की नदियों में खून की बाढ़ आई थी। एक अंधवेग, एक पागलपन, एक जनून। रक्त की धाराएँ बहीं...सिर्फ़ बाढ़ ही नहीं, दावानल भी। भयंकर लपटें उठानेवाला। सबकुछ जल गया। धन-सम्पत्ति, कला-कौशल। मैं उसकी भीषणता की कल्पना कर सकता हूँ। और, और भी कल्पना कीजिए उस भूभाग की। डायन कोसी के सुफेद-बलुवाही आँचल पर बिखरे लाखों नए नरकंकालों की कल्पना से आप डर तो नहीं जाएँगी ?...''

''इरावती का सपना : उसका प्यार फिर पनप रहा है। इंसान सिर्फ़ कत्ल और बलात्कार ही नहीं करता। इंसान गढ़ भी सकता है। गढ़ रहा है। बना रहा है। रचना कर रहा है—समाज के लिए, अवाम के लिए। वीरान को बसाने के लिए, बंध्या धरती को शस्य-श्यामला बनाने के लिए ?...

''समाज को मानवीय और मनुष्य को सामाजिक बनाना ही मुक्ति का एकमात्र पंथ है...हमारी मिट्टी में सांस्कृतिक सोना फल सकता है...प्राण नहीं, अनुभूति नहीं। अब मनुष्य को यंत्र चला रहा है...टेक्नालोजी के युग में हम लोग जीवन-उपभोग का मूल तकनीक ही खो बैठे हैं...''

'परती : परिकथा' की इन पंक्तियों को रेखांकित करके रख देता हूँ। फिर 'जुलूस' निकाल लाता हूँ। अंतिम पृष्ठ की अंतिम पंक्तियों को पढ़ता हूँ : 'मैं

एक विशाल परिवार की बेटी हूँ...इन आत्मीय स्वजनों के बीच पारस्परिक सहानुभूति और सहयोगिता फिर से पनपाऊँगी...मैं अपनी सत्ता को इस समाज में विलीन कर रही हूँ–लोक संस्कृति-मूलक–समाज के गठन के लिए... !!"

'कलरबक्स' उठाकर लाता हूँ। कूची से 'परती : परिकथा' तथा 'जुलूस' की चिन्हित पंक्तियों पर गहरा काला रंग पोतकर भी संतोष नहीं होता। मन में जमी हुई अशांति पिघलती नहीं। तब दियासलाई की एक सलाई जलाकर इन पृष्ठों को छुलाता हूँ। अचानक, कोने में बैठे देवता चिल्ला उठते हैं–"ए-ए-ए की होच्छे ? यह क्या हो रहा है ? तेरा दिमाग खराब हो गया है क्या ?"

फूट-फूटकर रोता हुआ कहता हूँ–"ठाकुर ! तुम तो जानते हो–कितनी अगाध आस्था, अटूट विश्वास और दृढ़ निष्ठा के साथ मैंने ये पंक्तियाँ लिखी थीं। इन चरित्रों के निर्माण के लिए मैंने अपने हृदय का कितना रक्त... !"

"साला। गाँजाखोर, अहंकारी। बोल, तुमने लिखी थीं ये पंक्तियाँ... ?... मैं-मैं-मैं करके तभी से बकरे की तरह मेमिया रहा है और औरतों की तरह रो रहा है ? तुमने लिखी थीं... ?"

होश में आया–"नहीं ठाकुर। मैं कौन होता हूँ लिखनेवाला–चरित्र गढ़नेवाला ? तुमने जो भी, जैसा भी लिखवाया–लिखता गया।"

"तो, फिर अपने मन से इन पंक्तियों पर कालिख क्यों पोत दिया ? आग क्यों लगा रहा था ? और कालिख पोतने से, आग लगाने से क्या 'अक्षर' मिट जाएँगे ?...मैंने मानुष की क्या परिभाषा दी है ? याद है ?"

"जिसको अपने मान का होश हो–वह 'मानुष...'"

"तब ? हमेशा अपने मान का होश रखो। मानुष बने रहो। रोने से कुछ नहीं होगा। यों माडर्न की रोटी और विलायती गुलगुला तुम नहीं लूट सके, इसका दुख मुझे भी है।"–ठाकुर हँसे–"अब ज़रा बाहर निकलकर खोजो। कहीं मिल ही जाए।"

मन का अवसाद दूर हो गया। किताबों को सिर से छुलाकर सेल्फ में रख दिया।

उस दिन सुबह। 'हिन्दुस्तान स्टैंडर्ड' के प्रतिनिधि जनार्दन ठाकुर आए। जनार्दन जी अंग्रेजी के पत्रकार हैं। लेकिन, मुझसे हमेशा मैथिली में ही बोलते हैं। आते ही बोले–"हमर किछु प्रश्न अछि–बाढ़क सम्बन्ध मे..."

"बाढ़क सम्बन्ध में ?...मुझसे इस बाढ़ का क्या सम्बन्ध ?"

"सम्बन्ध है।"

"जनार्दन जी ! दया करके बाढ़ के बारे में कोई चर्चा नहीं। बाढ़ की बातें भी अब गँधाने लगी हैं।"

उन्होंने मेरी बात को अनसुनी करके पूछा—"पटना का क्या भविष्य है अर्थात् भविष्य क्या होगा ?...हाँ, मैं जानता हूँ कि आप कोई भविष्यज्ञाता ज्योतिषी नहीं, रचनाकार हैं।" जनार्दन जी का मुखमंडल गम्भीर था।

मैं कुछ देर चुप रहा। फिर कहने लगा—"बिहार की राजधानी को पटना से हटाकर फिर राजगीर ले चलिए। यदि यह सम्भव नहीं तो फिर ऐसा कीजिए कि सारे नगर के हर घर की छत पर नाव, लाइफ बेल्ट यानी किसी स्टीमर पर संकट की घड़ी में प्राणरक्षा के लिए जो-जो उपकरण रहते हैं—रखना अनिवार्य कर दीजिए...प्लास्टिक के सामान बनानेवाली कम्पनियों से छोटी-छोटी डोंगियाँ बनाने को कहिए...हर मकान के ग्राउंड फ्लोर के रेंट में सैकड़े पचहत्तर की कमी और ऊपर के तल्लों में थोड़ी-सी वृद्धि...जीवन बीमा निगमवालों से परामर्श करके—हर मकान-मालिक से हर महीने के भाड़े में जीवन बीमा का अनिवार्य अंश...और पटना ही क्यों, बाढ़ से किसी भी प्रदेश का पिंड कभी नहीं छूटने का...।"

मैंने देखा, जनार्दन जी अपनी छोटी-सी डायरी में नोट कर रहे हैं—"अरे ! आप तो सचमुच...?"

"सचमुच नहीं तो और क्या ?" वे डायरी अपने पाकेट में रखकर उठ खड़े हुए।

मैंने अपना प्रण पूरा किया। बाढ़ के पानी में पैर नहीं दिया। छत के रास्ते दूसरे फ्लैट की सीढ़ियों से उतरकर—ईंटों पर पैर रखता हुआ—सड़क पर आया और रिक्शे पर अकेला बैठकर उधर ही चला जिधर से बाढ़ के जल को पहले-पहल आते देखा था...रास्ते में देखा—दीवारों पर लाल दाग लगाकर अंग्रेजी में काले रंग से 'एच.एफ.एल. 75' लिखा जा रहा है। रास्ते चलते एक युवक ने दूसरे से कहा—"एफ.एल. तो सुना था। यह एच.एफ.एल. क्या है भाई ?"

कॉफ़ी हाउस खुला देखकर प्रसन्न हुआ। लेकिन, अन्दर क़दम रखते ही 'फफूँद' की गंध लगी तो लौटना चाहता था। देखा, सारे कॉफी हाउस में बस एकमात्र सतीश आनन्द—कला संगम नाट्य संस्था के प्राण—चुपचाप बैठे हैं। उनका चेहरा देखकर डरा—बाढ़ में निश्चय ही इनका बहुत नुकसान हुआ होगा, शायद...मुझे देखकर उनका चेहरा तनिक खिला। बोले—"आज ही, अभी ही थोड़ी देर पहले खुला है। मैं ही पहला ग्राहक हूँ और आप दूसरे..."

"दूसरे तो सत्यनारायण ही हो सकते हैं...और क्या हाल हैं ? इतने उदास

क्यों हैं ?''

''उदास ? जी, उदास नहीं चिंतित।''

''अरे राम। कॉफी है या क्लोरोकॉफी ?...कैसी चिन्ता ? सार्वजनिक या व्यक्तिगत ?''

''साहब, एक नया नाटक खेलने को सोचा था। वह तो अब निकट भविष्य क्या दूर भविष्य में भी...अजब है, स्टेज के लिए कोई लड़की या स्त्री मिल ही नहीं रही...''

''आपने क्या उम्मीद की थी ? इस बाढ़ में कहीं से भँसती हुई आ जाएगी ?'' मैंने पूछा।

सतीश अप्रतिभ हुए। फिर कुछ याद करके बोले—''इधर आपकी मुलाकात 'यौनाचार्य' से नहीं हुई है ? इस बाढ़ ने उनकी सारी दमित वासनाएँ...लीजिए, नाम लिया और आप प्रकट हो गए।''—सतीश ने बाहर की ओर देखकर कहा।

हमारे कॉफी हाउस के एक एडवोकेट मित्र हैं। पिछले साल हिन्दी में यौन-मनोविज्ञान की कहानियों का एक संग्रह प्रकाशित करवाया है। पुस्तक प्रकाशन के बाद मित्रों ने उन्हें 'यौनाचार्य' की उपाधि प्रदान की तो उन्होंने सहर्ष स्वीकार कर लिया। अपना परिचय देते समय वह यह कहना नहीं चूकते कि वे चार-चार बार रस्टीकेट हो चुके हैं और यह कि वे छात्रों के 'चिर नेता' हैं और ताउम्र रहेंगे।

यौनाचार्य जी ने सगर्व स्वीकार किया—''भाई ! इस बाढ़ से पटना नगर और इसके नागरिकों की जो भी तबाही हुई हो—मैं तो फायदे में क्या...जो आज तक कभी नसीब नहीं—वह इस बाढ़ के प्रताप से या महिगा से कहिए तीन-तीन यंग लड़कियाँ और कई स्त्रियाँ मेरे घर में शरणार्थी होकर आईं...सुबह में कोई चाय दे रही है तो कोई हलुआ तो कोई आमलेट तलकर ला रही है। कोई दोपहर को अपनी प्रेमकहानी कहती तो कोई रात में दो बजे तक गाना सुनाती। और मेरा बाथरूम ? चलकर ज़रा सूँघ लीजिए—नहीं विश्वास हो तो—लेवेंडर की सुरभि से सदा सुरभित रहता है...अब आपको क्या बताएँ ?''

उस दिन ही नहीं, एक सप्ताह तक अपनी किस्मत खुलने का किस्सा लोगों को कॉफी पिला-पिलाकर सुनाते रहे। यहाँ तक कि दिल्ली के एक वरिष्ठ पत्रकार बाढ़ के सिलसिले में पटना आए थे। उनको भी अपना भाग्य फिरने का किस्सा सुनाने पहुँचे। होटल में मौका नहीं मिला तो हवाई अड्डे तक पहुँचकर, वक्तव्य देने के लहजे में उनसे कहा—''साहब, आदमी क्या ? इस बाढ़ में तो मछलियाँ भी 'सेक्सी' हो गई थीं...''

मुझे उसी दिन लगा था कि यौनाचार्य अब 'काम' से गए। और इन पंक्तियों

के लिखते समय उनके मित्रों से तथा स्वयं उनके मुँह से सुना कि उनकी अवस्था संगीन है। सिर चकराता है और सिर के अन्दर 'वैकुअम' जैसा लगता है। आँखों के आगे सरसों के फूल नज़र आते हैं। डॉक्टरों ने कोई सिरियस रोग बताया है। जिसका सम्बन्ध–नाक तथा आँख के जरिए–दिमाग से है...भगवान उनको चंगा करें।

यों, पटना शहर भी बीमार ही है। इसके एक बाँह में हैजे की सूई का और दूसरी में टाइफायड के टीके का घाव हो गया है। पेट में 'टेप' करके जलोदर का पानी निकाला जा रहा है। आँखें जो कंजक्टिवाइटिस (जोय बांग्ला) से लाल हुई थीं–तरह-तरह की नकली दवाओं के प्रयोग के कारण क्षीणज्योति हो गई हैं। कान तो एकदम चौपट ही समझिए–हियरयिंग एड से भी कोई फायदा नहीं। बस, 'आइरन लंग्स' अर्थात् रिलीफ़ की साँस के भरोसे अस्पताल के बेड पर पड़ा हुआ किसी तरह 'हुक-हुक' कर जी रहा है।

"ऊँ सर्वविघ्नानुत्सारय हुँ फट् स्वाहा..."

सूखा : 1966 (बिहार)

भूमिदर्शन की भूमिका (1)

पिछले कई वर्षों से सैकड़ों शब्द, नाम, देश, समस्याएँ और समाचार मेरे लिए बेमानी हो रहे हैं, होते जा रहे हैं, उनमें—डेमोक्रेसी, चाइना, चुनाव, रेल-दुर्घटना, खाद्यान्न, भ्रष्टाचार, जनता, सत्यमेवजयते, कर्फ़्यू, फ़ायरिंग, बाढ़-फ्लड, दहाड़, सूखा-जरी-सुखाड़ जैसी नित्य के समाचारों में इस्तेमाल होनेवाले शब्द भी हैं जिनके बिना आजकल किसी का काम नहीं चल सकता।

रोज़ाना अखबार के पन्नों में खोजकर निकालता हूँ—धनबाद के 'डबल-मर्डर' यानी दुहरी-हत्या अर्थात् दो बहनों के खून की रहस्यपूर्ण कहानी...किस तरह उनकी प्रेतनियाँ, सड़क से आने-जानेवाले प्रतिष्ठित और भद्र जनों की कार को रोककर अपने घाव दिखलाती हैं। दुहाई देती हैं—'बचाओ...पुलिस...इंसाफ़' और फिर लोप हो जाती है...मोहित मजुमदार के मुकदमे में मेरी ज़्यादा दिलचस्पी है। इसलिए, कौन राज्यमन्त्री 'रूलिंग-ग्रुप' में और कौन 'डिसिडेंट'—यह जानने की कभी उत्कट अभिलाषाएँ नहीं होतीं। इसलिए, 'हथिया-नच्छत्तर' नहीं 'फरा' और भयानक सूखे की आशंकाओं और सम्भावनाओं-भरी खबरें प्रकाशित होने लगीं तो 'फ्लड-बाढ़-दहाड़' की तरह 'ड्राउट' सूखा-सुखाड़-भुखमरी भी मेरे लिए धीरे-धीरे बेमतलब हो गए।

...इसी कारण, कलकत्ते के एक प्रसिद्ध बंगला (अंग्रेजी) दैनिक का विशेष

संवाददाता—जिसको विशेष रूप से 'ड्राउट' देखने के लिए भेजा गया था—मेरी बातें सुनकर 'हतभंभ' हो गया (हुँ ! ड्राउट देखने आए हैं मानो छत्तर-सोनपुर का मेला देखने आए हैं।)

दीपावली के तीन दिन पहले पाँच बजे शाम से हज़ारों पटाखे हमारे शहर, यानी बिहार की राजधानी, पटने की सड़कों, गलियों, फुटपाथों, हमारे फ्लैट के मुँडेरे, गलियारे में धूम-धड़ाके और धमाके-से छूट रहे थे और मुझसे सवाल पूछा जा रहा था, "मोशाय ? खाबेन की ?...खाइएगा क्या ? उधर गाँवों में जो कुछ देखकर आ रहा हूँ..."

मैंने बीच में ही टोककर कहा था, "आमादेर दिकेमाने आमार खेते कोसी-प्रोजेक्टेर कृपाय भालो धान होये छे।"

मेरा जवाब सुनकर 'विशेष संवाददाता मोशा़य' अवाक् कुछ क्षण मेरी ओर ताकते रहे। फिर, अपनी गलती के लिए क्षमायाचना की मुद्रा बनाकर बोले, "आमि भेबेछिलाम जे आपनि हिन्दी-राइटर श्री..., सुना था, हिन्दी में एक ही 'पेन नेम' के हज़ारों आदमी होते हैं...देखछि, कथाटा सत्ती।"

उसके जाने के बाद मुझे भी अपने 'लेखक' पर अचरज मिली दया आ गई। मेरा लेखक जो इस हद तक कुंठित और पतित हो गया है कि हर अहम सवाल और समस्या पर मुँह बिदकाकर एक ही बात कहता—"सब झूठ है। बकवास है। आल फ्राड। स्टंट !"

आइने में अपनी काया की छाया से पूछता हूँ—"तुमने कभी कोसी-कवलित जनों, अकाल-पीड़ितों और शरणार्थियों के दुख-दर्द को भोगकर जीता-जागती छवियाँ आँकी थीं ? क्या हो गया तुझे जो इस तरह 'बोतल प्रसाद' हो गया तू ?"

इस सवाल के जवाब में मुझसे सवाल किया जाता है—"कौन कहता है सूखा पड़ा है ? सरकार ? सोशलिस्ट (प्रजा-संयुक्त) ? कम्युनिस्ट ? कांग्रेसी ? कौन बोलता है ? कोई मिनिस्टर ? कोई जनता का सेवक ?...आल फ्राड।"

किन्तु, दूसरे ही दिन लेखक जी यानी 'बोतल प्रसाद' ने देखा कि सूखे के नाम पर राजधानी के 'बार' और सब्ज़ी बाज़ार में सुरा से लेकर बैंगन तक की कीमतें अचानक बढ़ गई हैं तो उसका माथा ठनका, तब वह पटना की सड़कों पर 'ड्राउट' देखने निकला।

नगीना राम सब्ज़ीवाले ने हँसते हुए कहा, "सूखा नहीं, हुजूर, बाढ़ ! बाहर से पाँच हज़ार 'बाबू लोग' पटना आए हुए हैं। गर्दनीबाग, आर ब्लाक से शुरू करके भिखना पहाड़ी तक के सभी होटलों में जाकर देखिए—एक भी कुर्सी खाली नहीं मिलेगी आपको।"

कल्लू अंडेवाले ने बात में ज़रा पेंच लगाकर कहा, "ज़्यादा दिन नहीं सर। बस, पचीस तारीख तक !...उसके बाद सभी लोग अपने-अपने घर लौट जाएँगे। भाव खुद-ब-खुद गिर जाएगा। यह कमाई तो समझिए कि बाढ़ का पानी..."

(...बाढ़। दुग्धोज्ज्वल खादी की टोपियों की बाढ़, ज्वार-भाटा। तरंग ! एक लहर इधर से जाती है, एक लहर उधर से आती है...जय हे ए-ए, जय हे-ए-ए-भारत...!)

'बार' का बेरा अब्दुल सूखा जवाब देता है, "साहब ! व्हिस्की कोई भी नहीं। न स्काच, न देशी, न नेपाली..."

होटल के मैनेजर ने सुनाया, "तन्दूरी क्या, कोई भी चिकन नहीं। डेढ़ सौ मुर्गियों के आर्डर तो रोज़ 'उधर' से यानी बाहर से मिलते हैं...प्लीज़ वेट टिल टवेंटी फ़िफ्थ।"

(सूखा पड़ा है 'बार' में। अकाल है, होटलों में...पड़ गया बंगाले में काल, भरी कंगाले से धरती—पटी कंकालों से धरती...)।

रोज़ दिल्ली अर्थात् केन्द्र से कोई-न कोई 'अन्नदाता' उड़कर आता है 'ड्राउट' देखने। (छत्तर का मेला हो गया यह ड्राउट !) रोज राज्य का कोई-न कोई मालिक (बड़ा, छोटा, मँझला, सँझला, पाँच, छठ, सत्तो...मालिकों का अकाल है यहाँ ? एक पर एक मालिक हैं) 'भयानक' और 'भीषण' बयान दे डालता है, केन्द्र के अन्नदाता कहते हैं, पहले उन चूहों का अन्त करो जो अन्न-वस्त्र को ही नहीं—सारे राज्य की जनता की आत्मा को कुतर रहे हैं।

अखबारों की मोटी सुर्खियाँ रोज़-रोज़ एक ही बात को विभिन्न शब्दों में दुहराती हैं। राजधानी में, शहरों में दीपावलियाँ सजती हैं। पटाखे फूटते हैं, फुलझड़ियाँ छूटती हैं।...उधर, गया के गाँवों में, मुंगेर के दक्षिणी हिस्से में, पलामू और हजारीबाग की पहाड़ियों और जंगलों की धरती की छातियाँ दरकती जाती हैं, पानी पाताल की ओर खिसकता जा रहा है। आदमी भूख से ऐंठ-ऐंठकर मरने लगते हैं।

(...सब झूठ ! जयप्रकाश नारायण नामक 'आदमी' को कोई काम तो है नहीं। अतः वह इसी तरह कभी भूदान, कभी भोटान, कभी नागालैंड, कभी कश्मीर पर बे-बात की बात करता है। अब सूखा की समस्याओं पर बात करता है और एक सर्वदलीय-सभा बुलाकर सुख-चैन से सोए हुए लोगों के सूखे हृदय में 'करुणा' का संचार करने की कोशिश कर रहा है। मगर, उसकी अपील लोगों के सिर और टोपियों के ऊपर से गुजर जाती है...इतना फ़ालतू समय और पैसे किसके पास हैं ?...चलो दिल्ली...जय हिन्द !)

'आदमी मर रहे हैं'—खबरें आने लगीं।

दिल्ली से 'दिनमान' के संपादक का तार आया है। वह सूखा क्षेत्र देखने आ रहे हैं। (मानो छत्तर का मेला देखने आ रहे हैं!) क्या मैं कुछ दिन उनके साथ चल सकूँगा ? किन्तु तार पाकर मुझे तनिक भी खुशी नहीं हुई। मुझे अपनी 'अच्छी फसल' कटाने के लिए गाँव जाना है...उनके आने के पहले ही 'कट पड़ो बन्दे !'

लेकिन लाख कोशिश करके भी 'बन्दा' कट नहीं सका। 'दिनमान' संपादक वात्स्यायन जी ही नहीं—आ रहे हैं एक पुराने क्रान्तिकारी, कवि-उपन्यासकार और चिन्तक-अज्ञेय यानी यायावर ! सूखी धरती पर भूख से तिलमिलाकर मृत्यु से साक्षात्कार करनेवालों से साक्षात्कार करने के लिए।

भारी मन लेकर हवाई अड्डे पर जाता हूँ। हवाई जहाज से करीब डेढ़ दर्जन स्थानीय असन्तुष्ट कांग्रेसी नेता उतरते हैं। सबसे बाद में अज्ञेय जी दिखलाई पड़े। राजनैतिक पहलवानों की टुकड़ी मार्च करती हुई आगे बढ़ी। मैंने वात्स्यायन जी को छूकर रोक दिया...इन्हें जाने दीजिए ! वे मुस्कराए !

मैं अपने चेहरे पर सूखे-से-सूखे हुए आदमी का मुखौटा लगाना चाहता था। किन्तु, हड़बड़ी में जो मुखौटा लगाया, वह एक अपराधी का था। झुकी हुई निगाहें और बुझा हुआ दिल !

अज्ञेय प्रसिद्ध मितभाषी हैं। किन्तु मुझे हमेशा यही लगा है कि उनका मौन ज्यादा मुखर होता है। उन्होंने मुझसे कोई सवाल किए बिना—चुप रहकर ही—पूछना शुरू कर दिया—आप सूखा क्षेत्र में हो आए हैं ? क्यों नहीं ? लेखक क्या समाज के बाहर का प्राणी है ? क्यों ? ऐसी उदासीनता क्यों ? तुम इस हद तक बीमार हो ? क्यों ? जवाब दो—क्यों ?

मैं सिर झुकाकर चुप रहता हूँ। कोई जवाब नहीं दे सकीं, मेरी आँखें।

भूमिदर्शन की भूमिका (2)

पटना, गया, मुंगेर, हज़ारीबाग, पलामू ज़िले के नक्शे सामने बिछे हुए हैं, पचास-साठ अथवा सौ बरस पहले आँके गए नक्शे।...मैं यह भी नहीं जानता कि पटना से जमूई कौन-सी सड़क जाती है। गया से चतरा तक जानेवाली सड़क कैसी है। मुझे नहीं मालूम कि छतरपुर किस ज़िले में पड़ता है। मैं चश्मा लगाकर भी नक्शों के नन्हे अक्षरों को नहीं पढ़ सकता। अज्ञेय नक्शा देखते समय चश्मा उतार लेते हैं। वह बीच-बीच में कोई सवाल करते हैं। मैं सुनकर भी नहीं सुनने का भाव दिखलाता हूँ। जवाब देते हैं पत्रकार-मित्र जितेन्द्र सिंह। सोचता हूँ, यदि आज जितेन्द्र नहीं होते तो...?

मैंने सोचा था, अज्ञेय सबसे पहले बिहार के मुख्यमन्त्री से मिलेंगे। फिर कृषिमन्त्री से। तब सरकारी हवाई जहाज अथवा हेलिकॉप्टर या जीप पर सवार होकर सरकार की मर्ज़ी से सूखा-क्षेत्र में जाएँगे। जहाँ-जहाँ जाएँगे, वहाँ के सरकारी अधिकारी पहले से ही उनकी यात्रा के उद्‌देश्य की पूर्ति के लिए तत्पर और प्रस्तुत रहेंगे। किन्तु, उनकी डायरी में सबसे ऊपर जयप्रकाश नारायण का नाम था—जो एक दिन पहले पटना से गया चले गए थे। और अज्ञेय उनसे मिलने के बाद ही संकटग्रस्त क्षेत्रों में जाएँगे। अतः तुरत गया चल पड़ना उचित समझते हैं।

सोचा था, भोजन के बाद एक घंटा विश्राम करेंगे तो अपनी भी दिवानिद्रा

में कोई व्याघात नहीं होगा। दोपहर के भोजन के बाद भोजनपान-शयनविलासी तन-मन को तनिक सुख-नींद तो चाहिए ही। किन्तु, मैं नींद-भरी आँखों और अनमना-मन लेकर ओढ़ना-बिछावन, तहमत-तौलिया वगैरह समेटकर तहियाने लगा। और, जिसकी निगाह में संसार का सर्वश्रेष्ठ आलसी हूँ यानी 'आलस्य श्री', 'आलस्य भारती' और 'आलसीबिहार का प्रतीक' आदि हूँ—वह मेरी दयनीय दशा देखकर खुशी से हँस-हँसकर मरी जा रही थी। क्योंकि मेरे चेहरे पर बंगला का एक 'छड़ा' (फ़िकरा) स्पष्ट लिखा हुआ था—''पड़ेछि मोगलेर हाथे, 'खाना' खेते हबे साथे...''

जितेन्द्र बिना टैक्सी के निराश वापस लौटे तो भरोसा हुआ, कम-से-कम कुछ घंटों की मोहलत मिली। पर सवाल उठा कि अगर टैक्सी से नहीं चलना है तो गया जानेवाली गाड़ी में अब ज़्यादा देर नहीं। सिर्फ़ बीस मिनट। मेरी राय ली जाती तो कल सुबह के पहले किसी गाड़ी से चलने का प्रोग्राम नहीं बनाता। किन्तु 'यायावर' ने तुरत कंधे में कैमरा लटकाया—एक हाथ में अटैची और दूसरे में बास्केट—मेरा अब तक बिस्तर भी नहीं बँधा है, बैग में डाली जानेवाली चीज़ें चारों ओर 'छत्राकार' बिखरी हुई हैं। मैं एक पाँव में पाताबा डालकर, पाजामा में पहनाई जानेवाली डोरी खोज रहा हूँ, और मन-ही-मन मना रहा हूँ कि यदि मेरे 'अयात्रीसुलभ संस्कारों' को यात्रा के लिए अशुभ मानकर—अथवा नाराज़ होकर भी—मुझे मुक्ति दे दें तो मुझे दुख नहीं होगा। (उनके जाते ही लम्बी तानकर चैन से सो रहूँगा !) एक बार ऐसा लगा कि वह चुप रहकर जो कुछ कह रहे हैं, उसका आशय है, ''तो, आप आराम कीजिए। मैं चला।''

लेकिन, मुस्कराकर बोले, ''मैं मदद करूँ ?''

मैं चुप रहा। घर का दूसरा प्राणी मदद करने के साथ बड़बड़ा रहा था, ''भाई जी तो एक बेकार का बोझ ले रहे हैं अपने साथ...''

समझनेवाले ने मुझे 'बोझा' समझकर भी 'बेकार का' नहीं समझा। (समझते तो अच्छा होता !) और मुझे लगा कि अब देर करूँगा तो दरवाजे के पास खड़ी विशाल काया मुझे अपने दूसरे कंधे पर लटकाकर चुपचाप चल पड़ेगी।

कार्तिक पूर्णिमा से एक दिन पहले—'छोटी नहान' का दिन। बिहार में हर पर्व के एक दिन पहले एक छोटा पर्व मनाया जाता है, छोटी होली, छोटी दिवाली ! 'नहान' का दिन अर्थात् छत्तर के मेले का दिन और पटना—गया लाइन (पी.जी. ट्रेन !) की रेलवे यात्रा ! दुर्गा का नाम लेकर निकला था। स्टेशन पहुँचकर 'काली' का नाम जपने लगा...गाड़ी में कहीं भी तिल धरने की जगह नहीं। दोनों फ़र्स्ट क्लास के डिब्बों पर पुण्यार्थियों का पूर्ण अधिकार। हमें कम्पार्टमेंट के अन्दर क्या,

पाँवदान पर भी पैर रखने देना नहीं चाहते थे। मुझे पन्द्रह-बीस दिन पहले की एक घटना याद आई। आसाम मेल पर इसी तरह मेला देखनेवालों ने पूरा कब्ज़ा कर लिया था और सबसे तेज़ चलनेवाली उस गाड़ी को बरौनी से खगड़िया तक ही पहुँचने में दस घंटे लग गए थे। चेन खींचने से लेकर घनघोर 'रोड़ेबाजी' तक हुई थी—जमकर। पचासों निरपराध यात्री घायल हुए थे और अन्त में 'फ़ौजी पैसेंजरों' को राइफल निकालकर 'लोड' करने की ज़रूरत महसूस हुई थी...मुझे 'पटना-गया लाइन' की अपनी उन यात्राओं की याद आई जिनमें रोड़े से लेकर रगड़-झगड़ और गालियों का मुकाबला करना पड़ा था...आज भी यही सारे लक्षण उपस्थित हैं। प्लेटफ़ार्म पर चहलक़दमी करता हुआ पुलिस का सिपाही हमारी कोई मदद करने में असमर्थ है। जितेन्द्र हार गए तो 'अज्ञेय' आगे बढ़ गए और अपनी दोनों भुजाओं को पसारकर भीड़ को ठेलने लगे—"आप बाहर नहीं निकलेंगे तो मैं गाड़ी को आगे नहीं बढ़ने दूँगा। चलिए..."

भीड़ में सन्नाटा छा गया। लोग हड़बड़ाकर उतरे। किन्तु भीड़ को भड़कानेवाला 'एलिमेंट' सक्रिय हुआ तो भीड़ कम्पार्टमेंट के सामने लग गई। हमने दरवाज़ा बन्द किया और दरवाज़े पर हज़ार धक्के पड़ने लगे। खिड़कियों पर आघात होने लगे। अन्दर खड़े लोगों ने दरवाज़ा खोलकर अपने मित्रों को अन्दर बुलाना शुरू किया। मैं चुपचाप 'नाम-जाप' कर रहा था। मुझे लगा, अब 'क्लाइमेक्स' बहुत नज़दीक है। अज्ञेय टमककर फिर दरवाज़े के पास जाने लगे। मैंने जितेन्द्र की ओर देखा और जितेन्द्र दौड़कर दरवाज़े पर गए...गाड़ी खुली, लटकते हुए लोग चिल्लाने लगे—"अन्दर आने दीजिए, गिर जाएँगे।" मुझे मालूम है, अन्दर आने के बाद वे बहस शुरू करेंगे और गालियाँ बकेंगे। फिर, अगले स्टेशन पर उतरकर— रोड़े से हमारे सिर तोड़ेंगे !...अन्दर आनेवालों ने तुरन्त अपना कार्यक्रम शुरू कर दिया यानी 'युद्धं देहि' की मुद्रा बनाकर बहस करने लगे। शुरू किया एक नौजवान ने। बात का सूत्र ज़ोर-ज़बर्दस्ती अपने हाथ में लिया एक अधेड़ खादीधारी आदमी ने, जो अपने को किसान कहता था और हर बात को 'एज़ ए किसान' पेश करता था। पोलिटेक्निक स्कूल का विद्यार्थी और 'बस' का 'कंडक्टर' (सबसे मूर्ख यह 'बस' कंडक्टर।) और एक बूढ़ा देहाती और एक किशोर—बहस के वक्त थे।... हमारे 'सेन्स आफ़ ह्यूमर' ने वातावरण के तनाव को ढीला कर दिया और हम जीत गए। हमारी गर्दन पर सवार और बात-बात में सिर तोड़ने को तैयार 'किसान जी' कांग्रेस राज को गाली देने लगे। नेताओं को भला-बुरा कहने लगे। उनका सारा गुस्सा एक ही पदार्थ पर था—जिसे खाकर (उनके कथनानुसार) आज के नेता 'लीडरी' करते हैं या 'मुर्ग-मुसल्लम' ! हर बात के बाद वह मुर्गा-मुर्गी और मुर्गी

के अंडे का जिक्र करना नहीं भूलते—हम लोगों ने लाठी खाए, जेल गए। देश को आज़ाद किया...अब तो एक मुर्गी का अंडा खिला दीजिए और काम...अब तो बिना मुर्गी के...।

मैंने उनकी मुर्गी की टाँग पकड़ी यानी उनका हथियार अपने हाथ में लिया और हर बात के बाद उसका इस्तेमाल शुरू किया तो 'सिंह जी' यानी 'एज़ ए किसान' बोलनेवाले की बत्तीसी निकल आई। वह समझ गए कि हम उनमें से नहीं जिन पर उनका गुस्सा है। व्यंग्य-विनोद का जादू चल गया। जो हमारा सिर तोड़ने आए थे—उतरते समय मुस्कराकर नमस्कार करके उतरे। जो नौजवान अपने स्टेशन पर उतरकर हम पर रोड़ा फेंकता—वह जहानाबाद स्टेशन पर उतरकर हमारे लिए चायवाले को बुलाने गया।

कहते हैं, यात्रा शुभ हो तो पद-पद पर संयोग भी बढ़िया जुटता जाता है। गया स्टेशन से हमें बुनियादगंज मुहल्ले में—जे.पी. के पड़ाव पर जाना था। प्लेटफ़ार्म पर पाँव रखते ही मेरी एक पुराने साथी पर नज़र पड़ी, जो रेलवे कर्मचारी है। जब कभी गया स्टेशन पर पहुँचा हूँ, उससे मुलाकात हो गई है और हर बार वह पुराना 'कामरेड' (रेलवे यूनियन का !) मेरे काम आया है। इस बार, उसकी नज़र बचाकर, कतराकर एक ओर से गुज़र जाना चाहता था। किन्तु, उसने देख लिया। सलाम का 'चलता फिरता जवाब' देकर आगे बढ़ जाना चाहा, मगर उसने हाथ थाम लिया—"एक तरह खब्तुलहवास...कहाँ...जे.पी. से मिलने ? यार, कहाँ जा रहे हो ? जे.पी. अभी स्टेशन आ रहे हैं। सच कहता हूँ, उनकी गाड़ी लगी हुई है...एडिटर साहब को रोको; नाहक कहाँ परेशान होने जाएँगे ? बनारस जा रहे हैं जे.पी. ..."

मैं दौड़कर स्टेशन के बाहर गया। हमारा सामान टैक्सी के मुँडेरे पर रखा जा चुका था। वे हमारी प्रतीक्षा कर रहे थे।

मैंने यह सूचना दी। सामान उतार लिया गया। जितेन्द्र ने बुनियादगंज टेलिफोन करके पता लगाया, बात सच थी। वह प्लेटफ़ार्म की ओर गए और हड़बड़ाए लौटे—"बुला रहे हैं आप लोगों को। गाड़ी खुल रही है..."

गाड़ी और प्लेटफ़ार्म के आखिरी छोर तक हम दौड़ गए। दूर से ही देखा—एक कम्पार्टमेंट के दरवाज़े के फ्रेम में जड़ा-सा एक व्यक्ति खड़ा है। मद्धिम रोशनी में भी चेहरे को एक प्रसन्न मुस्कान आलोकित कर रही है—"कब आए ?...मैं तो अभी बनारस जा रहा हूँ, तीस तारीख को झुमरी तिलैया में रहूँगा...उसके बाद ? दो-तीन-चार लगातार पटना।"

मुझे देखकर हँसकर बोले—"अच्छा...तो आप भी हैं।"

मैं चुपचाप मुस्कराता रहा। जवाब दिया जितेन्द्र ने हाथ जोड़कर–"जी ! हिन्दी के दो...।"

जयप्रकाश जी ने गया, जमुई, हज़ारीबाग और पलामू के कई इलाकों और गाँवों के नाम बताकर कहा–"वहाँ ज़रूर जाइए...हाँ, वह इलाका भी सबसे ज्यादा 'एफ़ेक्टेड' है...वहाँ तो पीने को पानी भी नहीं। वहाँ ज़रूर जाइए..."

गाड़ी खुली तो मैंने पढ़ा, जे.पी. के ओठों पर हमारे लिए यह सन्देश स्पष्ट अंकित था : नाभिनंदेत मरणं नाभिनंदेत जीवितम्, कालमेव प्रतीक्षेत निर्देशम्मृतको यथा...

एक नई (प्राइवेट) टैक्सी लेकर तीन अपटूडेट जवान सरदार किसी गाँव और परिवार के पूरे हिन्दू या बौद्ध पुण्यार्थी की ताक में घात लगाकर बैठे थे। हमें देखकर उनके दिमाग़ में कोई बात नहीं आ रही थी। एक मेरे लम्बे केशों की ओर देखता, दूसरा अज्ञेय की दाढ़ी को और तीसरा जितेन्द्र के गोरे एवं गोल मुखमंडल को। इसीलिए, बुनियादगंज मुहल्ले तक जाने का भाड़ा उन्होंने हमसे 'फ़कत' बीस रुपए माँगा था। और, लौटकर जब बुनियादगंज के बदले 'सर्किट हाउस' पहुँचाने का किराया पूछा तो वे अवाक् होकर एक-दूसरे को देखने लगे।

अज्ञेय को चाय से प्रीति नहीं। किन्तु उन्होंने खानसामा को बुलाकर मेरे लिए 'बेड टी' का आर्डर देते हुए मुझसे समय पूछा तो मुझे लगा कि मैं सचमुच इनका बेकार का बोझ हूँ, मिनमिनाकर जवाब दिया–"साढ़े छह बजे हैं !" (ईमान की बात है, घर में साढ़े सात से पहले कभी नहीं...)

...अज्ञेय आज तक 'बोधगया' कभी नहीं गए, बोधि का दर्शन नहीं किया। फिर कहाँ पाई करुणा ?...मैं भी बोधगया कभी नहीं गया...बोधगया के रास्ते के गाँव संकटग्रस्त हैं। बौद्ध धर्म स्वीकार करता है कि दुःख है और इतना ही पर्याप्त है कि हम दुःख से मुक्ति पा सकते हैं। सुख पाएँगे या नहीं, हम नहीं जानते...बौद्ध संसार से परे कोई वस्तु नहीं मानते। बुद्ध ईश्वर के विषय में पूर्णतया अज्ञेयवादी हैं, किन्तु हमारे धर्म में ईश्वर का हर जगह उपदेश देते हैं–सगुण-निर्गुण दोनों का...

मैं रामकृष्ण का स्मरण करता हूँ...देवघर में भूखे-नंगे संथालों को देखकर, काशी-यात्रा स्थगित करके बैठे हैं–"पहले इन्हें भरपेट भोजन दो...चूल्हे में जाए तुम्हारी काशी की गंगा...मैं तीर्थ करने नहीं जाता...इन्हें भरपेट खाने दो, ये ही शिव हैं। ये ही नारायण..."

भूमिदर्शन की भूमिका (3)

खानसामा 'बेड टी' लेकर जिस समय आया–असली नींद का समय वही था। ऐसी नींद कि आँखें मूँदे रहिए और फिर भी सबकुछ देखिए-सुनिए।...अन्दर से दरवाज़ा खोला गया। खानसामा आकर चला गया। दो-तीन मिनट के बाद चम्मच और प्यालियों के टकराने की तुनुक-टुन-टुन आवाज़ें हुईं। और तब समझा कि 'बेड टी' का एक अर्थ 'जागिए कृपानिधान' भी होता है।

इस बार भी गया आकर यहाँ के प्रसिद्ध तिलकुट की, देव के मगही पान, गया की ठुमरी और यहाँ के साहित्यिक मित्रों की यादें आईं। ऐसी सुहावनी सुबह में...नींबू-चाय पीते हुए...गया के सांस्कृतिक पक्ष पर कोई समाजशास्त्रीय 'गप-सप' शुरू करके सूरज उगाया जा सकता था। किन्तु, 'यायावर' अपने कैमरे के लैंस, फिल्टर और ज़ूम का हिसाब-किताब बैठाने में व्यस्त थे, चुपचाप...जिसका मतलब साफ था–"जागिए ही नहीं। तैयार हो जाइए कृपानिधान।"

हम लोग अभी तैयार भी नहीं हो पाए थे कि बरामदे पर कई व्यक्तियों के पग एवं पादुका-ध्वनि सुनाई पड़ी। झाँककर देखा : रात के कथाकार भाई के साथ और भी कई साहित्यिक-मित्र ! परिचय और चायपान के साथ-साथ बातें शुरू हुईं। लेकिन, कविता और कहानी-उपन्यास पर नहीं, सूखा और भुखमरी से सम्बन्धित समस्याओं पर ही। उन्होंने जो देखा-सुना और अनुभव किया है...एक-एक कर

सुनाया। उन गाँवों के नाम लिखाए जहाँ की हालत बदतर है। वहाँ पहुँचने के रास्ते बतलाए। और हमारी तात्कालिक और जटिल समस्या उन्हीं के सफल उद्योग से हल हुई। दोस्तों ने न जाने कहाँ से ढूँढ़कर, एक ऐसे मस्तमौला 'टैक्सी-एजेंट' को 'ऊपर' किया जिसको देखते ही मुझे लगा, इस आदमी से पुरानी जान-पहचान है। उसके गले की आवाज सुनकर, बातें करने का ढंग देखकर एकाएक पहचाना...यह तो वही टैक्सीवाला है जिसके नाम का तुक, मेरे नाम से मिलाकर बम्बई से आए हुए 'फिल्म यूनिट' के लोग चुटकी लेते थे। मैंने कहा—''तुम्हारी गाड़ी पर हम कोयलबर की ओर, देहात में गए थे। तुम्हारा नाम...रामेश्वर या कोई ईश्वर...''

''बस, बस। अब हमको भी याद हो गया। तभी से हमहूँ यही सोच रहे थे कि...। नाम मेरा कौलेश्वर है, जी।...बस अब समझ गया।...आप जितना दे देंगे...मंजूर होगा हमको। नवादा तक ही क्यों, एक ही दिन के लिए क्यों ? दो-तीन-चार-पाँच जितना दिन रखिए।...मगर, गाड़ी जब छोड़िएगा और जहाँ से भी छोड़िएगा...ड्राइवर के हाथ मेरे नाम 'दू-कलम' खत लिखकर ज़रूर भेज दीजिएगा। मेरे पास बहुत-से बाबू लोगों और 'फौरेन' के साहब लोगों के सिट्टिफिकेट हैं।'' उसने कहा कि उसका ड्राइवर एकदम 'सूधा' लड़का है। (सीधा और सूधा में बहुत फ़र्क है।) कोई नशा नहीं, कोई ऐब नहीं। साथ रहेगा, देखिएगा ही। और अपनी ही गाड़ी समझिएगा।

'यायावर' गाड़ी को नज़दीक से देख आए। रात में स्टेशन पर कई जरा-जीर्ण टैक्सियों की दुरवस्था वे देख चुके थे।...गाड़ी की अवस्था अच्छी है।

प्रोग्राम बना; सबसे पहले बोधगया का। कवि-मित्र के कथनानुसार बोधगया के रास्ते में ही कोख-जली धरती की पहली झलक मिल जाएगी।...साहित्यिक मित्रगण कम-से-कम मंदिर और बोधि के दर्शन के समय अज्ञेय के संग-संग रहना चाहते हैं। वे 'टूरिस्ट ब्यूरो' की गाड़ी लेकर बोधगया की ओर चल पड़े।

बोधगया जाने के पहले किसी स्थानीय अधिकारी से सरकारी लेखाजोखा ले लेना उचित समझा गया। हम ए.डी.एम. के बँगले पर पहुँचे। युवक हाकिम ने हमें बैठाकर अपने रिलीफ अफसर के सहयोग से बीस-पच्चीस मिनट में—''हमें पूर्ण विश्वास है कि इस लड़ाई में हमारी ही जीत होगी।''

बातचीत के सिलसिले में मैंने शुरू से ही लक्ष्य किया था, ए.डी.एम. साहब किसी भी अंग्रेजी शब्द और वाक्य के पहले उसका हिन्दी रूप बोलते थे...कठिन श्रम-योजना, लघु सिंचाई, अनाज-वितरण, अभियान, निर्माण...हमें मालूम था कि युवक और नए अफसर लोग जन-सम्पर्क के महत्त्व को समझते हैं। जानते हैं,

किस वर्ग के लोगों से कैसी बातें करनी चाहिए ! लेकिन, बाद में जब पता चला कि वह बंगाली है तो अचरज हुआ ! निष्ठापूर्वक हिन्दी बोल रहे थे...'किस' वर्ग के लोगों से 'कैसी' बातें ही नहीं...किस 'भाषा' में बातें करनी चाहिए, ए.डी.एम. यह भी जानते हैं।

बोधगया में मन्दिर और बोधि का दर्शन हमने सामूहिक रूप से किया। मन्दिर के प्रांगण में घूमते हुए मुझे रह-रहकर...रिपुंजय, बिंबिसार, अजातशत्रु शिशुनाग, महापद्मनंद, चन्द्रगुप्त, अशोक, शून्य-पुराण और कम्युनिस्ट मैनिफेस्टो की याद आई...राहुल जी, भदंत और नागार्जुन की याद आई।...वर्षों पहले पढ़ी बातें, 'वज्रयान' और 'ब्रजत्व' की व्याख्या : ब्रजत्व लाभ करना मनुष्य का जन्मसिद्ध अधिकार है। मनुष्य का अधिकार ही सबसे बड़ा है। मनुष्य ही सत्य है, और सब मिथ्या।...महासुख ही महाप्रभु, महाशून्य, वही करुणा, वही सर्वदेवता।...एक्क न किज्जई मंत न तंत, निअ धरनी लई केलि करंत। निअ घर घरनी जाब न मज्जई, ताब कि पंचवर्ण बिहरिज्जई... !!

साहित्यिक मित्रों के प्रसन्न-विदा-सम्भाषण का सम्बल लेकर हम आगे बढ़े। और यहीं से हमारी असली यात्रा शुरू हुई। 'यायावर' जो अब तक पीछेवाली 'सीट' पर थे, सामने ड्राइवर के पास अपने 'लटकन-छटकन' के साथ जा बैठे। मेरे ठीक सामने। किन्तु, मैं उनकी 'पीठ' नहीं...देख रहा था उनका सिर। जो स्वयंचालित यंत्र की तरह, काँच के 'वाइपर' की तरह...बाएँ से दाहिने और दाहिने से बाएँ घूम रहा था। टोह लेती हुई आँखें। ड्राइवर के बाएँ कंधे पर उनकी उँगली पड़ी...ड्राइवर गणेश ने 'ब्रेक' लिया।...'यायावर' उतर पड़े। घास 'गढ़' कर यानी खोदकर लौटती हुई औरतें...सिर पर टोकरियाँ। धान का बोझा नहीं, सूखी-झुनाई घास ! साथ में वह नन्हीं बच्ची...क्लिक ! अब एक 'कलर' चाहिए, शायद। गाड़ी से दूसरा कैमरा लेकर 'यायावर' को दौड़ना पड़ा।...मगध की छोरियाँ कुछ गोरियाँ (कुछ कारियाँ भी !) कुछ भोरियाँ...बाजरे की कलगी नहीं, बिछली-घास भी नहीं...सिर पर घास की टोकरियाँ लेकर तेजी से चली जा रही हैं। 'यायावर' ने कैमरे का बटन दबाना चाहा कि सबसे अगली (जो पहले भी बच निकली थी !) मुँह पर कपड़ा डालकर अचानक इस तरह 'फिरकी' की तरह मुड़ गई कि 'यायावर' हारकर भी हँस पड़े।

ऐसा लगता है, बोधगया जाते समय ही 'यायावर' की दृष्टि में कई 'ऑबजेक्ट' या 'सबजेक्ट' पड़ चुके थे। दो फ़र्लांग के बाद, जहाँ से हमारी गाड़ी फिर गया शहर की ओर मुड़ी...ड्राइवर गणेश के कंधे को छूकर गाड़ी रोकी गई। देखा—वहाँ, एक खेत में काला-कलूटा, दुबला-पतला, भूखा-प्यासा, थका-हारा बूढ़ा

धान के सूखे पौधों को हँसिया से काट रहा है, यदि हमारी 'यात्रा' कंडक्टेड क़िस्म की होती तो मैं यह कदापि विश्वास नहीं करता कि यह बूढ़ा सचमुच कोई बूढ़ा है जो संकट से लड़ रहा है—उसने कई ऐसे 'पोज़' दिए जो कुशल-सफल कोई चरित्र-अभिनेता भी नहीं दे सकेंगे। भगवान् सफल नाटककार ही नहीं, 'डाइरेक्टर' भी है। (देखिए, दिनमान, 9 दिसम्बर, पृ.24-27)।

गया शहर छोड़कर हम नवादा की ओर जा रहे हैं। ग्राम गुरुचक्र और बुद्धगैरे के नाम पढ़कर हमें गाँवों और जगहों के नामों पर एक सामजशास्त्रीय 'गप्प' शुरू करने का अवसर मिला : इस रास्ते से बुद्ध गए होंगे। और ग्राम गुरुचक्र में 'श्रीचक्र' की तरह कोई अनुष्ठान सम्पन्न हुआ होगा। वात्स्यायन जी भी मुस्कराकर इस बातचीत में शरीक होना चाहते थे कि अचानक सड़क के दोनों ओर का भू-भाग—लैंडस्केप—सपाट, सू-खा-आ-आ !!—यह क्या ? जहाँ तक दृष्टि जाती है—एक तृण नहीं। कहीं एक तिनका भी हरा नहीं। बंजर-परती धरती नहीं...धान के खेत हज़ारों एकड़। प्रकृति के प्रकोप की मारी धरती !—यह क्या देख रहा हूँ ? यह किसका शाप है ?...किसका पाप... ?

हँसुआ पहुँचते-पहुँचते बोतलप्रसाद यानी लेखक जी न जाने कहाँ हवा में 'बिला' गए। उनकी जगह पर रह गया—बिहार के एक गाँव का एक किसान का बेटा, जो सिर्फ़ यही सोच रहा है कि यदि उसके ज़िले में, इलाके में ऐसा सूखा पड़ा होता तो उसकी ज़मीन, उसके गाँव, गाय-बैल, औरत-बच्चे ऐसे ही...इसी तरह...।

गाँवों के आसपास थोड़ी हरियाली देखकर आँखों को ही नहीं, जलते हुए दिल को भी राहत मिलती है।...ज़िन्दगी गाँवों को अगोरकर सिमटी-सिकुड़ी पड़ी हुई है।

अब हमारी आँखें और कुछ नहीं देखतीं...सिर्फ़ सूखा और अकाल !...आने-जानेवालों की गठरियों में क्या है—गेहूँ, मकई, बाजरा ? गाड़ियों पर क्या है, बोरे में ? अनाज या चारा ? अन्न के बोरे नहीं, सूखा पुआल। दुकानों के सामने क्या है—मकई ? पंजाबी मकई ?...इधर कहाँ जा रहे हैं—सभी लोग ? वह बूढ़ी बकरी लेकर कहाँ जा रही है ? ज़रूर बेचने जा रही होगी ?...गाँवों के आसपास बच्चे खेलते-भागते तो हैं ? वह छोटा-सा लड़का हमारी गाड़ी को देखकर, हाथ हिलाकर 'हो-य-य'-कहकर खुश तो हुआ !...वह लड़की हमारे गाँव की सुरती की तरह लगती है। यह बूढ़ा नई लालटेन ख़रीदकर ले जा रहा है।...उस गाँव में निश्चय ही किसी की शादी हुई या गौना हुआ है, रँगे हुए कपड़े सूख रहे हैं। शादी या गौने में 'भोज' हुआ होगा ? बच्चे पढ़ने जा रहे हैं ? क्या खाकर जा रहे हैं ? स्कूल

में मुफ़्त दूध मिलता होगा ? हाल ही, थोड़ी-सी वर्षा हुई है—इससे कुछ फायदा तो हुआ होगा ! लेकिन, कहाँ ? देखता हूँ कहूँ—हाँ, वहाँ हरियाली की पतली-सी रेखा ! रबी का रंग...दूर-दूर खेतों में लोग दिखाई पड़ते हैं, हल जोतते हैं, कुदाल चलाते हुए...वहाँ रहा 'एंटिएयरक्राफ्ट'...कच्चे कुएँ की डोल के लम्बे-लम्बे बाँस—सूखी धरती और आसमान की पृष्ठभूमि में ऊपर-नीचे गिरते हुए लट्ठे—लोग लड़ रहे हैं। वहाँ भी—वहाँ कुछ खोदा जा रहा है—आहर, पैन या कूप ? कुछ भी हो...वे लड़ रहे हैं।...

यह, एकदम क़रीब ही कच्चे कूप पर तीन लट्ठे चल रहे हैं। डोरियों की लम्बाई से जल के तल—वाटर-लेवेल—का पता चलता है—सचमुच पानी पाताल की ओर भागा जा रहा है।...तीन जन पानी भर रहे हैं, एक 'पैन' ठीक कर रहा है। एक हल जोत रहा है। लड़ रहे हैं, सभी !...ड्राइवर के कंधे पर अब उँगली रखने की ज़रूरत नहीं होती—एक 'हूँ' पर ही गाड़ी रोक देता है।

हल जोतनेवाले भाई जी से नाम पूछा तो उसने सुनकर भी कोई जवाब देने की ज़रूरत नहीं समझी ! (सड़क से गुज़रनेवाले हर आदमी के सवालों का जवाब देने लगे तो वह खेत कब जोतेगा ?)। बैलों को एक भद्दी गाली देकर हाँकते हुए उसने हमें भी अपने हाथ के 'पैने' से हाँकने की कोशिश की। हम हाँके नहीं गए और उसके काम में बाधा डालें बिना उसकी प्रतीक्षा करने लगे। बस, दो मिनट में ही उसका हल खेत के उस किनारे से इस किनारे की मेंड़ तक 'रेह' फाड़ता हआ क़रीब आ जाएगा—और क़रीब—'तोहर नाम की हो भाय ?'—नाम ? नाम हमर—जागो !—क्लिक !...जागो ने अपनी दुलहिन को—जो खेत के उस मेंड़ के पास खड़ी थी—इशारे से कुछ कहा। उसकी 'दुलहिनियाँ' पेड़ की आड़ में चली गई।

रेपुरा-सिरसा गाँव के इस हलवाहे ने अपना नाम 'जागो' बतलाकर हमारे सभी सवालों का एक ही जवाब दे दिया था ! उधर, खेतों में काम करनेवालों के हाथ रुके नहीं। एक आदमी हमारे पास आया—हाथ की मिट्टी झाड़ता हुआ हमें देखकर मुस्कराया। फिर पूछा—'क्या देखने आए हो ? यह सूखा ?...ऐसा कभी नहीं हुआ—लेकिन, हम लोग लड़ रहे हैं। थोड़ा-पानी पड़ा है। और बाकी कूप-कुआँ से—जहाँ तक हो सके आदमी जान रहते तो हिम्मत नहीं हारेगा।...अब, भगवान् की मर्ज़ी।...अच्छा तो—परनाम !'

'यायावर' फोल्डर खोलकर नक्शा देखते हैं। पूछते हैं—'क्या नाम बताया था उस गाँव का ?...आपने लिखा था, हाँ, कोसला ! हँसुआ से राजगिर रोड की ओर मुड़कर छह माइल पर है कोसला गाँव। उसके बाद मियाँबीघा...उससे पूरब

कछुआरा...।

'यायावर' पूछते हैं–'कछुआरा या कहुआरा ?'–हाँ, कहुआरा ! कवि-कथाकार-आलोचक-पत्रकार मित्रों ने उन गाँवों के नाम लिखवाए हैं जहाँ भूमिहीन-जनों की– खेत-मज़दूरों की 'बस्तियाँ' हैं !

'यायावर' हँसुआ पहुँचकर बाईं ओर गाड़ी मोड़ने को कहते हैं–"राजगिर जाऩेवाली सड़क यही है...।"

रास्ते में, भेलुवा गाँव के खेतों में कुछ कम उम्र के लड़के भी काम करते हुए दिखलाई पड़े। कूप खोदा जा रहा है।...बृजनंदन सिंह, बिपिन बिहारी शर्मा, बिजेंदर, विजयकुमार और लटना। मुसहर का नंग-धड़ंग बालक।...हम जब गाड़ी की ओर लौट रहे थे, तब सुना बिजेंदर या विजयकुमार हँस-हँसकर कह रहा था–"सार ! लटनो के फ़ोटो खिंचा गेलइ। फ़ोटो में सार लँगटे ठाड़ रहते... ?"

"कोसला और कितना दूर ?"...हर आनेवाले राही से पूछते हैं हम।

"बस, आगे।...डेढ़-दू कोस।" हर जवाब देनेवाला जवाब देकर खड़ा हो जाता है और बहुत देर तक हमारी गाड़ी की ओर अचरज से ताकता रहता है। (अपूर्ण)

भूमिदर्शन की भूमिका (4)

पक्की सड़क से उतरकर, कुछ दूर तक 'कच्ची' पर गाड़ी जहाँ तक जा सकी—गई। हम गाड़ी से उतर पड़े। पगडंडी के दोनों ओर सूखी 'बारी-झारी' की क्यारियाँ—जंगली 'भुटके' का साग भी नहीं ! मिट्टी के छोटे-छोटे घर, उजड़े अध...उजड़े झोंपड़े...हवा में श्मशान-जैसी 'चिड़ाइन' गंध...छप्पर पर सूखती चिरकुट-कथरी... फूटे हुए मिट्टी के बर्तन-बासन-कुत्ते का डोलता और हाँफता हुआ एक कंकाल बिना बोले-भूँके एक ओर चला जाता है। एक माता अपने बच्चे को गोदी में लेकर आ रही है, हमें देखकर ठिठक गई। उसका बच्चा अवाक्-उदास आँखों से हमारी ओर देखता रहता है। माँ मुँह फेर लेती है। काले-काले होंठों के बीच, सफ़ेद दाँतों पर बिजली-सी कौंध गई—मैंने 'मूलमन्त्र' जपना शुरू किया।

हम गाँव के मध्य-भाग में पहुँचे। एक मिट्टी की गिरी-पड़ी दीवार के पास एक 'खुनखुन'—बूढ़ी बैठी थी, हमें देखते ही बड़बड़ाने लगीं। क्रोध से उसके नथुने के आसपास की सिकुड़ी-सिमटी चमड़ी थर-थर काँपने लगी—उसकी घुड़कती आँखें और टूटी दंत-पक्तियाँ...मैं मन-ही-मन 'कालि का सहस्र नाम' जपने लगा—घोररूपा, घोरदंष्ट्रा, घोरा, घोरतरा, शुभा...कोटराक्षी...बहुभाषिणी...प्रचंडा...चंडी...चंडवेगिनी, यक्षिणी, योगिनी, जरा, राक्षसी, डाकिनी, वेदमयी, वेदविभूषणा...निष्ठुरवादिनी... माँ...!!

एक झोंपड़े से झाँकती हैं—एक जोड़ी गुस्से से भरी तेज़ आँखें—एक सात-आठ साल की बच्ची की। उसकी अधेड़ माँ हड़बड़ाकर उठ बैठती है, कपड़े से अपनी देह ढँकती है। गुस्से में कुछ बुदबुदाती है। दूसरे, तीसरे फिर चौथे झोंपड़े के प्राणी भी कुनमुनाकर निकलते हैं—बच्चे, बूढ़ियाँ, अधेड़ और जवान औरतें। मर्द एक भी नहीं—एक नंग-धड़ंग, चित्ती कौड़ियों जैसी आँखोंवाले, दुबले-पतले-पीले बीमार बालक के सिवा !

हममें से कोई भी 'मगही' बोलना नहीं जानता। लेकिन मेरा विश्वास है कि जो थोड़ी-सी भी मैथिली या बंगला अथवा भोजपुरी—यहाँ तक कि ठेठ हिन्दी—बोल ले सकते हैं, वे समय पड़ने पर 'मगही' बोल-समझ सकते हैं। बोली के 'लय' को पकड़कर मैं न जाने कौन-सी 'भाषा' बोलने लगता हूँ। मगही जाननेवाले इसे शुद्ध मगही नहीं मानें, समझ सबकुछ लेंगे।

मैं बोला : "गाँव में कौनो मरद-पुरुखवन केर पता न है ! कहाँ गेल हो, ई सब ?"

"जइते कहाँ ? कमावे कोड़े ला।"—तुरत जवाब मिला।

"चुल्हवा में की पक्क्त हलै ? धुँइयाँ देखैहियेक्।"

"पक्के के की है जे पकतई ! लड़कोरिया लेल गोइठवा में अगिया सुलगत हय—ओकरे धुँइयाँ...।"

"पक्के के कुछ नअ हउ—त ई बचवा सब की खइतउ ? की गे—तोर की नाम हौ ? बोल ना, लजावे है काहे ? ई लइका केक्कर है ?...बीमार है ? ओ ?...भुक्खल है—खाए बिना एकर एइसन दसा है...ओ...।"

—मेरी बातचीत सुनकर तनाव कम हुआ। मुझे लगा, चारों ओर तनी हुई कमानियाँ अचानक ढीली हो गई। वे करीब आईं, आने लगीं। आधा दर्जन से अधिक भूखी माताओं के बीच मैंने अनुभव किया—गाँव की दादी, फूफी, काकी, मौसी चारों ओर से दौड़कर आई हैं—मेरे आने की ख़बर सुनकर—बाल-बच्चों को लेकर !

"पाँच जन केर मज़दूरी—पाँच मुट्ठी एहे खेसारी—देखऽ !"

"खसरियो निपट्ट घुनायेल—से देखऽ !"

"मलिकवन के कौन फिकिर ? घर में अनाज-पानी भरल है।"

"हमनिये के उपजायेल, ओसायल-बरायल और घर में संइतल अनजवा—देखल अनजवा कहाँ चल जइतै, भैया ?"

"अपने बिजली के कुइयाँ खना रहलन हैं...।"

"गरीबन के देखे वाला केयो नहीं।"

"सात दिन केर लड़कोरिया के एह खेसारी के घाठा ? हे परमेसर, एसन कब्भी न देखली।"

"माइये के ना खाएला मिलतइ त बचवा जीयतय कैसे ?"

"दुधवे न होइ है...।"

"कीप ऑन टाकिंग...।"—'यायावर' अपने कैमरे के 'ब्यूफ़ाइंडर' में देखते हुए कहते हैं।

"तोहर की नाम हौ गे...?"—मैं पूछता हूँ उस तेज़ और गुस्से-भरी आँखोंवाली सात-आठ साल की लड़की से, जो अपनी बेटी-जैसी लगती है।

"बोल ने गे। बता दहिक् ने गे, जसोधिया।"

"जसोधा।"

"वा : जसोदा माई...।" जितेन्द्र कहते हैं।

सूखे मुखड़ों पर मुस्कराहट खेल गई। मैं यशोदा का हाथ पकड़कर अपनी ओर खींचता हूँ। वह नाराज़ और कुछ डरी-सी (ठीक अपनी बेटी-जैसी !) मुँह से सिर्फ़ 'बक्-बक्' उच्चारण करके—घुड़कती हुई निगाह से देखती है। सौरघर से झाँककर देखती है—एक सूखी, पीली, युवती-माता। चिथड़े में लिपटे हुए शिशु की ओर दिखलाकर अपनी बहिन से हँसकर कहती है—"ई अकलवा के भी छापी उतरवा दे...।"

अकाल और सूखा में जन्मे हुए बच्चों के सही नाम 'अकालू' और 'सुखाड़ी' नहीं तो और क्या होंगे ?

पूछता हूँ—"अकलवा केर छट्ठी कहिया भेलय ?"

"कल ही त।"

"कीप ऑन टाकिंग...।"

"अकलवा के महतरिया केर की नाम ?"

"बच्ची देवी।"

"अकलवा के ई मौसी है न ? एक्कर की नाम ?"

"कलेसरी देवी।"

"भात खइला कतेक दिन भेलउ ?"

इस सवाल पर सभी हँस पड़ीं। एक बोली : "ऐ-हे-ए..."

"आसिने में भात खैलिए...।"

"तोहर की नाम हो रे बबुआ ?"

"पिनोदपा...।"—चित्ती-कौड़ी-सी आँखोंवाला बीमार बालक 'चें-चें'—कर बोला।

"बिनोदवा नाम है।"

"बिनोदवा केर बाप कहाँ ?"

"कलकत्ता में बहनोय बिजली कम्पनी में काज करत हुइ ओकरे लग...।"

"कौनो सरकारी 'कार्ड-उर्ड' भैटलै है केकरो ई गाँव में ? लाल रंग केर 'काट'...?"

इस सवाल पर वे फिर हँसीं। इस बार शुष्क हँसी—"कहाँ मिलल है 'कटका' और 'कटवा' भेटओ करतय त दुकनवाँ में अनाज नहि...।"

"मलिकवन के करेजा में तनिको दया-धरम नहि।"

"जेकरा खातिर बाप-दादा से लेकर हमर लइका-पोता हड्डी गला के 'राँगा' कइलक—ओकरा सबके नजर में पानी नहि।"

मालिक-टोले का एक आदमी बहुत देर तक चुपचाप गप सुन रहा था। मौका मिलते ही बोल उठा : "आरे ! आदमी को खिलानेवाला कौन बाप का बेटा जनम लिया है। भगवान् जिसको चाहें खिलावें चाहे..."

उसकी बात पूरी नहीं हो पाई। बिनोदवा की माँ बोली : "अरे, भगवान्... भगवान् मालिकवने सब के ओर...नहित भगवानो आन्हर है कि बहिर... हाय रे...एसन अनियाव ? तीन-तीन दिन पर हमन के एकगो मडुओ के रोटी न मिले और हुन कर हवेली में पुरनमासी के सतनरैनजी के कथा में पूड़ी-बुँदिया केर जेवार...और रूआब ऐसन कि बोलो मत। चोरी में पकड़ा देगा। डकैती में फँसा देगा। जेहल में देगा।...जेहल में देगा, त उहे दे दो। जेलवा में खाए के त मिलतई ?...हः हः, गरीब के देखेवाला को-य-न-हीं...।"

"ठीक बात।"—जितेन्द्र ने आँखें मूँदे, रिर झुकाए कहा।

"मलिकवन के घर हैजा-फौती मइसो...।"

मैं रिहर पड़ा, इस शाप से ! जितेन्द्र ने भी सिर हिलाकर 'हुँहु' किया। बूढ़ी रुक गई—"पेटवा जरैहै त मुँह से गरिया निकसय है।"

"थारियो-लोटवो बेचलइए, बकरी-बकरा सब...।"

"ई जाड़ा त केतना के...।"

"अगिया जरतय कइसे ?"

"लकड़ियो-जलावनो सब मलिकवने के...।"

"आग लागो हुनकर...।"

"बिनोदवा। इधर आ। यहाँ सामने...।"

'यायावर' के कैमरे को उसकी आँखें छेद देंगी—ऐसा लगा। रोशनी एकदम कम हो गई थी।...फ्लैश चमका तो बिनोदवा के चेहरे पर आतंक की एक हलकी झलक देखने को मिली, जिसे देखकर सभी हँस पड़े।

"जशोदा माई ? बिनोदवा...।" इससे आगे क्या कहूँ ? क्या कहना चाहिए ? कह दूँ—जाकर खाना भेज दूँगा ? दूध भेज दूँगा ? दवा भेज दूँगा ? क्या कह दूँ ? हम यहाँ क्यों आए ? यह क्या देखा ?

अज्ञेय अब चुपचाप खड़े हैं। जितेन्द्र का मुँह एकदम लाल हो गया है। मैं 'बिदा' माँगने के लिए शब्द ढूँढ़ रहा हूँ—"तब ?...अब हम सब चलित हैं। फेर आयेब...।"

"अच्छा त—परनाम !...परनाम !!...पन्नाम !!!"

हम न जाने कहाँ आए थे !...इनफ़ेरनो ? नरक में ? या 'पाराडिसो' में यानी स्वर्ग में ? हम कौन हैं ? यह कौन 'लोक' था ? यह कौन-सा युग है ? हम कहाँ हैं ?

उलटकर देखा : सभी एकटक हमारी ओर देख रही थीं...गाँव से 'बिदाई' के दिन गाँव के हर टोले की औरतें—गाँव के आदमी को इसी तरह खड़ी होकर देखती हैं। न हाथ हिलाती हैं और न रूमाल।...चित्ती कौड़ी जैसी आँखोंवाला दुबला-पतला भूखा बिनोदवा—भूखी जशोदा, सूखी बच्चीदेवी, दाने को तरसती कलेसरी और सूखी माँ की छाती को चूसता हुआ—सात दिन का शिशु—अकलवा !...इनसे मैंने क्यों कह दिया कि फिर आऊँगा ?

मैं कोसला गाँव फिर कभी नहीं आना चाहता। कभी नहीं आऊँगा, यहाँ ! क्योंकि जानता हूँ...जब लौटकर आऊँगा तो देखूँगा...जशोदा नहीं है। अथवा अकलवा अपनी माँ को खाकर चल बसा है। सुनूँगा—बिनोदवा को आखिरी दिन घुनी खेसारी का 'घाठा' भी नहीं मिल सका था।...मैं खोजूँगा—यहाँ कहीं कोसला गाँव था ? यहाँ जशोदा थी ?...जशोदा मा-ई-ई !...जशोदा बेटी-ई-ई।

गाड़ी में आकर हम सभी चुप बैठे रहे, घंटों। गाड़ी आगे बढ़ी—मियाँबीघा गाँव की ओर। किन्तु गाँव के बाहर पहुँचकर हमारी हिम्मत नहीं हुई, गाँव में प्रवेश करने की।...हमारी गाड़ी लौट चली। रास्ते में, कोसला गाँव की ओर, खिड़की से झाँककर देखा—साँझ का अन्धकार घना हो गया था। एक नन्ही-सी रोशनी भी कहीं नहीं थी।...किन्तु, लगा बिनोदवा की आँखें 'दपदपा' कर जल उठीं !

यदि कोसला गाँव की भूखी-प्यासी औरतें हमें गालियाँ देकर, झाड़ू-बुहारन से मार-मारकर, हमारे कपड़े-लत्ते नोंच-खसोटकर गाँव से बिदा करतीं तो हम अपने बचाव के लिए न उँगली उठाते और न मुँह से 'चूँ' शब्द निकलता।...हमारे पेट में अन्न भरा था, देह पर ज़रूरत से ज़्यादे कपड़े थे। हमसे बढ़कर और कौन अपराधी होगा ?...

वही अच्छा होता। क्यों कह आया कि लौटकर फिर आऊँगा ?...क्या लेकर

आऊँगा। खाली हाथ—भरे पेट, किस मुँह से आऊँगा यहाँ...अज्ञेय मुझे कहाँ ले आए ?

"हम कहाँ आए ?...छह बज गए ?"

"नवादा।"

"हम आज रात कहाँ ठहरेंगे ?"

"यहीं। लेकिन, सबसे पहले यहाँ के एस. डी. ओ. से मिलना आवश्यक है। अभी, तुरन्त...।"

जितेन्द्र ने घड़ी देखकर कहा : "मेरी 'बस' में अभी एक घंटा भर देरी है। चलिए...।"

नवादा के एस. डी. ओ. जनाब अब्दुल खैर के बँगले पर जब हम पहुँचे, रोशनी जल चुकी थी। बरामदे पर, बाहर में कई कारिन्दे, क्लर्क और चपरासियों के अलावा तीन-चार 'व्यापारी-कम-नेता' क़िस्स के लोग भी थे। हमें 'चेम्बर' में बैठाकर चपरासी अन्दर से ख़बर ले आया कि 'साहब' नमाज़ पढ़ रहे हैं।...इस समय 'मग़रिब की नमाज़' (यानी सूर्यास्त के समय पढ़ी जानेवाली) पढ़ रहे हैं या 'नमाज़े-इस्तरका' (अकाल और सूखा के समय वर्षा के लिए पढ़ी जानेवाली) ?

हम 'अरदास' लगाकर बैठे। ज़िन्दगी में बहुत बार बहुत-से 'हुजूरों' के दरबार में दीदार के इन्तजार में बैठा हूँ। इसलिए, ऐसे लोगों को अच्छी तरह पहचानता हूँ जो मिलनेवालों को 'अन्दर हवेली' से ख़बर भेजते रहते हैं—मालिक पूजा कर रहे हैं या साहब नमाज़ पढ़ रहे हैं।

कोने की दीवार पर गया ज़िले का बड़ा नक्शा टँगा था। अज्ञेय और जितेन्द्र कोने में खड़े होकर नक्शा देखने लगे। मैं बैठा सोच रहा था कि हाकिम साहब अभी आएँगे तो उनके चेहरे पर कैसे भाव होंगे। पूजा-ध्यान और रोज़ा-नमाज़ के बाद आदमी का तन-मन पिघला-सा रहता है। लेकिन हाकिम पर्दा हटाकर प्रकट हुए और मारे अचरज के अवाक् हो गए। शायद, पूछना चाहते थे—आप लोग कौन हैं जो इस तरह मेरी ग़ैर-हाज़िरी में मेरे दफ़्तर का नक्शा देख रहे हैं ? लेकिन, हकलाते हुए बोले—"आप लोग कौन...आप लोगों को पहचाना नहीं।"

जितेन्द्र बोले : "आदाब अर्ज़। अभी बतलाता हूँ। आप हैं दिनमान-संपादक...मैं जितेन्द्र...और आप हैं...। हम 'ड्राउट-एफेक्टेड' इलाके में घूम रहे हैं।"

'ओ-ने-ने ! मैंने समझा कि आप लोग कोई रिलीफ़ देने आए हैं।...ख़ैर ! तो, महाशय रिलीफ़ यानी 'सहाय' का काम देखने के लिए तो...और हाँ, 'रिलीफ़' का क्या मतलब समझते हैं, आप ? सहायता ? जी नहीं ! ग़लत ! रिलीफ़ का सही

माने है 'स-हा-य' !...समझा ?''

जितेन्द्र आँखें मूँदकर और सिर झुकाकर ख़ैर साहब के तर्ज़े-बयाँ का मज़ा ले रहे थे। अज्ञेय मेरी ओर देखते हैं : आदमी जिन्दादिल हैं...

हमें पद-यात्रा के लिए सहर्ष प्रस्तुत देखकर उनको फिर अचरज हुआ। कहने लगे—''सहाय का कार्य और 'कार्यक्रम' तो वही है जो आज लोगों ने पढ़ा होगा या यहाँ आने के पहले सुना होगा।...अंचल अधिकारी अर्थात् अंचलाधिकारी... अर्थात्...मतलब समझते हैं न ?''—अज्ञेय जी से इस बार पूछा गया।

''हाँ साहब, समझने की बात है।'' आजकल, हर बात का सही और गलत मतलब होता है। अब तक मैं जानता था कि 'प्रधानमन्त्री' का मतलब 'प्राइम मिनिस्टर' होता है। मगर, यहाँ आकर मालूम हुआ कि यहाँ भी एक 'प्रधानमन्त्री' रहते हैं...।''

मैंने अचरज से पूछा : ''दूसरे प्रधानमन्त्री कौन हैं ?''

उन्होंने हँसकर मेरी ओर देखा और एक स्थानीय सार्वजनिक संस्था का नाम लिया। यह पूछने पर कि विधानसभा में इस क्षेत्र से प्रतिनिधि कौन हैं, जवाब मिला—''साहब, यहाँ 'कांग्रेस-राज' नहीं। यह 'जनसंघी' पाकेट है।...'जन-प्रतिनिधि' विधानसभा में हमेशा ग़लत सवाल करते हैं और उनको जवाब भी हमेशा ग़लत मिलता है।''

हम ख़ैर साहब को मान गए !

हमें बाहर से आनेवाले खाद्यान्न के दैनिक आँकड़े पूछने की ज़रूरत नहीं पड़ी। हाकिम ने बा-त्तकल्लुफ़ हम लोगों से माफ़ी माँगकर टेलिफ़ोन उठाया और उस छोर पर बैठे किसी 'साहब' को पिछले कई दिनों के आँकड़े देने लगे—''हाँ, लिखिए ! लिख रहे हैं न ? तारीख़ पचीस नवम्बर...पाँच वैगन मकई...जनाब, यहाँ से तिलैया स्टेशन की लाइन 'जाम' है। वैगन खाली हो जल्दी तब तो...रात में हमारे सिपाही पहरा तो करते हैं, मगर...कल ही रात कई मुसहरों को पकड़ा है—बोरे से अनाज निकाल रहे थे...और सब ठीक है...उधर का क्या हाल है... आज का 'स्टेटमेंट' तो स्टेशन से आदमी आने पर ही दिया जा सकेगा...आदाब अर्ज़ !''

एस. डी. ओ. साहब ने 'रेड कार्ड' के बारे में पूछा। जवाब देते समय उनके होंठों पर फिर 'वक्र मुस्कराहट' खेल गई। बोले—''रेड कार्ड ! रिलीफ़ कोड 118 ?...हाँ, साहब। कार्ड बँट रहे हैं। जहाँ अब तक नहीं बँटे हैं, आशा है कि 'शीघ्रा-ति-शीघ्र'... !''

हमने कोसला और मियाँबीघा का नाम लिया और सूचना दी—''वहाँ रेडकार्ड

नहीं मिला है किसी को।...वहाँ की हालत चिन्ताजनक है।''

इतनी देर में पहली बार ख़ैर साहब को गम्भीर होते देखा। उन्होंने न जाने क्यों, हमारी ओर बारी-बारी से देखा और फिर गर्दन हिलाते हुए कहा—''हाँ, उधर नहीं बँटा है।...मैं हँसुआ के अंचलाधिकारी को कल ही ताकीद करता हूँ।...हालत चिन्ताजनक नहीं रहेगी।...और मेरे 'योग्य' कोई सेवा ?''

भूमिदर्शन की भूमिका (5)

हम नवादा के 'इंसपेक्शन बँगलो नम्बर वन' के अहाते में दाखिल हुए। पास ही बस-स्टैंड है, जहाँ आने-जानेवाली गाड़ियाँ पन्द्रह मिनट तक रुकती हैं। बहुत बार इस सड़क से हज़ारीबाग़ गया हूँ। हर बार, इस 'इंसपेक्शन बँगलो' में एक रात गुज़ारने की ख़्वाहिश हुई है। लेकिन, यहाँ आकर लगता है कि यहाँ बहुत बार रह चुका हूँ। यहाँ ही नहीं, किसी भी 'इंसपेक्शन' या डाक' अथवा 'हाल्टिंग'—बँगले में पहुँचकर लगा है, इसके पहले भी रात बिता चुका हूँ। यहाँ ख़ानसामा-बावर्ची के एक ही जैसे चेहरे। हर जगह की 'छोटी' और 'बड़ी हाज़िरी' के एक ही स्वाद और कमरों में एक ही तरह की गंध। हर 'बँगले' में देखा है, मच्छरदानी लगानेवाली डंडे और खूँटे इसी तरह, हिलते-डुलते रहते हैं।

ऐसे पड़ाव पर पहुँचते ही 'साहब लोग' सबसे पहले बावर्ची को बुलवाते हैं : ब्रेकफ़ास्ट या लंच अथवा डिनर में क्या दे सकता है ? और, हर बावर्ची एक ही जवाब देता है—''जो आर्डर दीजिएगा बन जाएगा।...स्पेशलडिश भी बन जाएगा।''

हमने पहुँचते ही एक 'पॉट' गर्म पानी का ऑर्डर दिया।

कॉफ़ी पीने के बाद, कुछ देर तक बाहर अकेला खड़ा पूर्णिमा के चाँद को देखता रहा। याद आई : उत्तर बिहार के भारत-नेपाल सीमावर्त्ती अंचलों में आज की रात 'समाचकेवा' पर्व मनाया जा रहा होगा। हिमालय से उतरनेवाले पंछियों

का स्वागत कर रही होंगी—हर गाँव की कुमारी कन्याएँ—दल बाँधकर गीत गाती हुईं...! जिस साल धान की फसल मारी जाती है, एक भी मुर्ग़ाबी या लालसर की आवाज़ नहीं सुनाई पड़ती—हालाँकि कभी-कभी पचासों एकड़ धान को एक ही रात में 'चुग' कर साफ़ कर देती हैं, इनकी टोलियाँ। फिर भी, इन चिड़ियों के आगमन को शुभ समझा जाता है।...

एक पवित्र-मधुर सुगंध ने मन में संध्या-आरती की बेला का शंख फूँक दिया, मन के कोने में। कमरे में लौटकर देखा, 'यायावर' अपने दिनभर के काम का 'लेखा-जोखा' ले रहा है—चुपचाप।...यात्री को मनपसन्द धूपबत्ती का एक पैकेट हमेशा साथ रखना चाहिए। हर जगह—जहाँ भी जाइए—अपने ही कमरे की गंध मिलेगी...हर पड़ाव पर अपना घर।

बावर्ची से जिस चीज़ के बारे में पूछा, एक ही जवाब मिला—"फस्टक्ला-स !" आटा बढ़िया होगा न ?—फस्टक्ला-स ! फुलके यानी चपाती बनाना चाहते हो न ?—फस्टक्ला-स ! बग़ैर मिर्च-मसाले की सब्ज़ी ?—वेजिटेबल-स्टू ? फस्टक्ला-स !...

बावर्ची से इस इलाके के सूखा और अकाल के बारे में कुछ पूछने का साहस नहीं हुआ। एक ही जवाब मिलेगा—फस्टक्ला-स।

रात्रि-भोजन के समय मुँह में पहला कौर डालते समय—बिनोदवा और जसौदा की याद आई। नर्म-गर्म फुलके की तारीफ़ नहीं कर सका। मुझे लगा, अज्ञेय की आँखों के सामने भी उन्हीं की मूर्तियाँ प्रकट हुईं। 'वेजिटेबल-स्टिउ' के बारे में कुछ कहना चाहते थे। नहीं कह सके।...हम कुछ क्षण तक हाथ में रोटी के टुकड़े लेकर बैठे रहे।

...मडुआ की आधी रोटी और खेसारी का घाठा खाकर बच्चे चिरकुट-कथरी के नीचे घुटने से ठुड्डी लगाकर सो गए होंगे।...ख़ैर साहब ने कहा है, शीघ्रातिशीघ्र उन इलाक़ों में रेड कार्ड बँट जाएँगे।...विदेशों से मिल्क पाउडर, विटामिन की गोलियाँ और 'जैम-जेली' के हज़ारों-हजार डिब्बे आ रहे हैं।...कोई भूख से नहीं मरेगा।

"चपाती सचमुच फस्टक्लास बनाया है।"

"और स्टिउ भी।"

"अंचल अधिकारी अर्थात् अंचलाधिकारी।"

"रिलीफ़ का अर्थ सहायता !"

"गया के ए-डी एम आर. एन. घोष बहुत निष्ठापूर्वक हिन्दी बोलते थे।"

"ख़ैर साहब का प्रश्न ?...क्या रिलीफ़ देने आए हैं, आप लोग ?"

"प्रतिनिधि ऐसे हैं कि हमेशा ग़लत सवाल पूछते हैं और ग़लत जवाब मिलता है।"

"बाहर पटाखे...कैसे छूट रहे हैं ? पूर्णिमा...लक्ष्मीपूजा के उपलक्ष्य में ?"

"पता नहीं।"

"धान के पौधों को काटने के बाद धरती में जो हिस्सा रह जाता है, उनको यहाँ क्या कहते हैं ?"

"खुट्टी।"

"आपने पूछा था कब भात खाया, तो क्या जवाब दिया ?"

"आसिन महीने में ही।"

"मुसहर नाम क्यों ?"

"शायद 'मूषक' के बिल से अनाज निकालकर खाने के कारण। शायद, मूषक का शिकार करके खाने के कारण।"

"मरते हैं और मरेंगे तो ये...भूमिहीन लोग ही।"

"हुँ...। कल हम लोग किस समय चलेंगे ?"

"यह आपके ऊपर है। आप जब तैयार हो जाएँ।"

सुबह जल्दी उठने के लिए रात को जल्दी ही सो गया। नींद भी जल्दी आई। टूटी भी शीघ्र ही—रात के डेढ़ बजे ! कई भीषण धड़ाके और विस्फोट सुनकर 'धड़फड़ा' कर उठ बैठा—पटाख़े नहीं, बम... !

डेढ़ बजे रात से शुरू करके भोर साढ़े चार बजे तक यही विस्फोटक सिलसिला रहा। हर दस मिनट के बाद गोलाबारी ! आँख में लौटी हुई नींद उड़ जाती। पेड़ों पर सोए हुए परिन्दे डैन पटपटाकर अन्धकार में फिर इधर-उधर उड़ते।...सो नहीं सका; अच्छा हुआ। नींद के साथ सपने भी आते थे। ऐसे सपने, जिन्हें देखकर आदमी नींद में 'गों-गों' करने लगे। पसीने से तर-बतर हो जाए।

...चाय का सही स्वाद, सौरभ और गुण रात्रि-जागरण के बाद ही मिलता है।

सूरज उगा। नक्शा खुला। नक्शा खुलते ही मुझे संस्कृत पाठ के उन 'पंडितों' की कहानी याद आती है जो हर 'चतुष्पथ' पर पहुँचकर शास्त्र खोलते और खोजते थे—कः पंथाः ?...महाजनो येन गतः...जमुई से पहले यह कौन-सी जगह है जहाँ बिहारशरीफ से एक सड़क आकर मिल जाती है ?

फिर, डायरी में लिखे जगहों के नाम नक्शे में खोजे जा रहे हैं: कौआकोल, पकरी-बरावाँ, देबनगढ़, चौरसा, खड़गौर, कादिरगंज...। एक-एक गाँव के नाम के साथ सैकड़ों मुखड़े आँखों के सामने उभरते हैं—माटी के पुतले ! हज़ारों भूखी—आक्रोश से जलती हुई आँखें ! सिर्फ़, एक स्थान के नाम के साथ एक ही व्यक्ति की सूरत

सामने आती है। सोखोदउरा : जयप्रकाश...।

हमारी गाड़ी नवादा छोड़कर कौआकोल की ओर बढ़ी जा रही है। और, मेरी स्मृतियाँ मुझे तेज़ गति से पीछे की ओर लेकर भागी जा रही हैं—1940,41,42 की ओर।

...देवली कैंप-जेल से एक लेख लिखकर बाहर भेजा है जे. पी. ने। उसे पुस्तिका के रूप में प्रकाशित किया गया है—'क्या यह युद्ध अविभाज्य है ?'... देवली कैंप-जेल से, प्रभावती जी के हाथ भेजते समय एक चिट्ठी पकड़ी जाती है। अँगरेज़ी सरकार देश-विदेश के पत्रों में उस चिट्ठी को प्रकाशित करके जे. पी. को 'बदनाम' करने की चेष्टा करती है। लेकिन वह चिट्ठी ऐतिहासिक महत्त्व की हो जाती है। 'अगस्त क्रान्ति' में—जे. पी. की चिट्ठी में बताए गए प्रोग्राम ही कारगर साबित हुए।...जे. पी. का जेल से पलायन। आज़ाद-दस्ते का संगठन। हनुमाननगर (नेपाल में) गिरफ्तारी। फिर, आज़ाद-दस्ते के सैनिकों द्वारा हनुमाननगर जेल पर हमला...बहुत-सी घटनाएँ।

...जेल में हमारे एक 'मिलिटैंट कामरेड' ने एक 'प्रतिदल' के कार्यकर्त्ता को उठाकर पटक दिया था और छाती पर बैठकर पूछ रहा था—''फिर जे. पी. को रिएक्शनरी कहेगा ?...जान से मार डालूँगा।''...पगली-घंटी बज गई थी।

...जेल से रिहा होने के बाद मेरे एक मित्र ने जे. पी. की शान के ख़िलाफ कुछ कह दिया तो बचपन के उस लँगोटिया यार से फिर मेरी कभी बातचीत नहीं हुई—''आइ हेट टु टाक विद यू...।''

गाड़ी रुकी। 'यायावर' को भूखे-प्यासे बैल-गायों का एक झुंड मिल गया है।...वहाँ, उस खेत में हल में जुता हुआ एक जानवर गिर पड़ा है।...आकाश में गिद्धों की टोली डैने पसारकर 'भाँवरी' ले रही है।...सड़क के दाहिनी ओर छोटी-छोटी पहाड़ियों और चट्टानों पर कुहरा-सा छाया हुआ है। धरती पर एक ही रंग पुता हुआ है—धूसर, उदास। शस्यहीना धरती पर—दरारें।...'पतरंगा' चिड़िया पास ही किसी झाड़ी में बैठकर अपने जोड़े को पुकार रही है।

एक लड़के के हाथ में अच्छी जाति का ऊख देखकर मैं समझ गया, सोखोद-उरा आश्रम अब नज़दीक है। आश्रम पहुँचने के पहले एक बार फिर पीछे की ओर मन भागा।...प्रथम आम चुनाव के बाद, पटना के अंजुमन-इस्लामिया-हॉल में चुनाव में हार-जीत के कारणों पर विचार करने के लिए 'पार्टी' की आम सभा बैठी है—सैद्धान्तिक सवालों के अलावा व्यक्तिगत आक्षेप और आरोपों के तीर एक-दूसरे पर छोड़े जा रहे हैं।...जे.पी.आँखों में आँसू भरकर सभा-भवन से बाहर निकल गए और तभी से निकले हुए हैं।...ऐसे लोगों की एक बड़ी जमात है जो

जे.पी. से नाराज़ हैं। जो मानते हैं कि जे.पी. ने उनकी 'जवानी' को मुफ्त में बर्बाद कर दिया। भारत में ही नहीं, एशिया के समाजवादी आन्दोलन को जे.पी. ने नुक़सान पहुँचाया है...मैं भी उनसे नाराज़ लोगों में से एक हूँ। लेकिन, मेरी नाराज़गी के ये कारण नहीं।

आश्रम पहुँचते ही कई 'प्रस्तर-मूर्तियों पर आँखें पड़ीं।...रानीपतरा सर्वोदय आश्रम और इस आश्रम में क्या अन्तर है, वह इन कलाकृतियों को देखकर समझ गया।

आश्रमवासियों के साथ डेढ़-दो घंटे तक रहकर—हमें जो कुछ जानना और पूछना था—जान लिया। बिना कुछ पूछे जो कुछ जाना जा सकता था, जान लिया। आश्रम के कृषि-विशेषज्ञ ने हमें पाँच पके हुए अमरूद दिए—जे.पी. के आश्रम का फल। सूँघकर देखा, अच्छी जाति का है।

परसामा गाँव के पास खेत में क़रीब दो-तीन सौ मज़दूर काम कर रहे थे। मिट्टी का काम। पानी का खज़ाना ! हमारी गाड़ी रुकी। ऐसा लगा, कोसला और मियाँबीघा के सभी भूमिहीन मुसहर रजवार ही अपने बाल-बच्चों के साथ यहाँ काम पर जुटे हुए हैं। यहाँ भी 'बोली' ने हमारी बड़ी मदद की। मुंगेर के इस अंचल में अपभ्रंश 'अंगिका' बोली जाती है।...भात को यहाँ की बोली में 'भत्ता' कहा जाता है।...यहाँ भी वही आक्रोश, वही गुस्सा। किन्तु यहाँ भी उन्होंने अपना दिल खोलकर हमारे सामने रख दिया।...भैया, छिपावें के भी बात तोहरा से ? ऐहन दिन...जितिए में 'भत्ता' खैलिए...।

जयप्रकाश जी के आश्रम के पाँच फलों में से दो हमने बंगाली मुसहर (उस नामहीन नारायण) के पाँच साल के पुत्र को दिया...तुम्हारा फल, तुम्हीं को समर्पित...।

भूमिदर्शन की भूमिका (6)

अज्ञेय जी ने हाथ में अमरूद लेकर बंगाली मुसहर के बच्चे को बुलाया तो पहले वह झिझका। उसको विश्वास ही नहीं हुआ। फिर 'हुलसता' हुआ दौड़ आया। उस समय उसके सूखे-मुरझाए चेहरे पर एकाएक आनन्द की आभा देखकर लगा—कोई 'अलौकिक' दृश्य देखा! ऐसा लगा, मिट्टी की मूर्ति अचानक...(नहीं, इतना अधिक भावुक होने की आवश्यकता नहीं! भावुकता के 'दौरे' में ही 'नक्षत्र मालाकार' ने... !)

कल शाम से ही रह-रहकर 'नक्षत्र मालाकार' की याद आ रही है।...1949 में पूर्णिया-भागलपुर के कुछ इलाक़ों में अकाल पड़ गया था। सभी बड़े किसानों और गल्ले के व्यापारियों ने अनाज छिपा लिया था। 'हाहाकार' मचा कि बंगाल के बाद इस बार बिहार की बारी है। किसान-मज़दूरों की पार्टियाँ आवश्यक बैठक बुलाकर अकाल की समस्या पर विचार करने का प्रोग्राम तय ही कर रही थीं। उधर, नक्षत्र मालाकार ने हज़ारों भुक्खड़ों की टोली लेकर बड़े किसानों और व्यापारियों के 'बखार' और 'गोले' को लुटवाना शुरू कर दिया। रोज़-रोज़ खबरें आने लगीं—आज मोहनपुर में...आज ढोलबाजा में...आज पीरपैती के हाट पर...। उसका नाम सुनते ही ग़रीबों के गाँव में खुशी की लहर दौड़ जाती; अमीरों की हवेलियों में सन्नाटा छा जाता और अधिकारियों का आराम हराम !..फ़रार नक्षत्र

पर पाँच हज़ार रुपए का इनाम 'बोला' गया। 'हमारी' पार्टी ने स्पष्ट कर दिया कि वह हमारे दल का सदस्य नहीं, उसे पार्टी से निकाल दिया गया है !...मैं नक्षत्र को बहुत नज़दीक से जानता था। एक ग़रीब माली का बेटा, जिसके पिछवाड़े में बस एक धुर ज़मीन थी, जिसमें फूलों की खेती होती थीं। जवानी में क़दम रखने से पहले ही सत्याग्रहियों के शिविर में चला गया। जेल गया। फिर 1937-38 में जयप्रकाश जी द्वारा परिचालित 'समर स्कूल ऑफ पॉलिटिक्स' सोनपुर में समाजवाद का मन्त्र पाया। (नक्षत्र मालाकार नाम जयप्रकाश जी ने ही दिया था। नहीं तो, उसका नाम नछत्तर माली ही रहता या नछतरा...) 1942 की क्रान्ति में जिसकी बहादुरी की कहानियाँ सुनकर बूढ़ों की हड्डियाँ भी कसमसाने लगती थीं। गोरे फ़ौजी तक जिसके नाम को सुनकर घबराते थे।...ऐसे साथी को लुटेरा और डकैत कहने का साहस हममें नहीं था। हमने उसे 'गुमराह' कहा। उन्हीं दिनों, साप्ताहिक 'जनता' (पटना) में अकाल पर मेरा एक लम्बा रिपोर्ताज प्रकाशित हुआ, जिसमें नक्षत्र के 'कृत्यों' की आलोचना और निन्दा की गई थी।...नक्षत्र अपने विरोधियों और दुश्मनों की 'नाक' काट लेता था। (पूर्णिया-भागलपुर में आज भी दर्जनों ऐसे नकटे-कनकटे हैं, जिन्हें नक्षत्र ने ही सज़ा दी थी।) रिपोर्ताज प्रकाशित होने के कई सप्ताह बाद मेरे पास नक्षत्र ने जो संवाद भेजा, उसका आशय था : जिस नाक-कान पर तुम सुनहले फ्रेम का चश्मा लगाकर लिखते-पढ़ते हो, उसको काटने के लिए जब रात में पहुँचा, तब तुम लिख रहे थे। उस समय तुम्हारा चेहरा मुझे फूल-जैसा लगा। तुम जो मन में आए, लिखो। मुझे गालियाँ दो। मगर, एक बार इन गाँवों में आकर देखो। सबकुछ भूल जाओगे।...आदमी इतना बेदर्द हो सकता है ?...सात दिन के भूखे बच्चों के मुँह पर हँसी देखकर जेल-फाँसी और नरक सब कबूल करके तुम भी वही शुरू करोगे जो मैं कर रहा हूँ।...

दस-पन्द्रह वर्षों के बाद, अब लगता है कि साथी नक्षत्र ने ठीक ही कहा था—जेल-फाँसी और नरक सब कबूल...(नहीं, इतना अधिक भावुक होने की आवश्यकता नहीं !)

जमुई पहुँचते-पहुँचते मेरे मन की वेदी पर फिर एक मूर्ति आकर विराज गई। जिसकी प्रतिमा को तोड़ चुका था, उसी जयप्रकाश की एक नई मूर्ति...(नहीं, इतना अधिक भावुक होने की आवश्यकता नहीं !) लेकिन, मेरा विश्वास है, यदि यह 'आदमी' नहीं होता तो यह सूखी धरती आज लहू की धारा में नहाती रहती।

'यायावर' मरे हुए पशुओं के कंकालों के पास लड़ते हुए कुत्तों, उड़ते हुए गिद्धों और कागों के झुंड को देखकर उतर पड़ते हैं। मैं अपने मन में सद्यःस्थापित

मूर्ति को फिर हिलाता-डुलाता हूँ। (भावुक होने के बदले 'साइंटिफिकली' सोच-विचारकर जे. पी. को 'क्रान्ति' की राह का रोड़ा क्यों न कहा जाए ? क्योंकि, 'शास्त्र' कहता है... !)

जमुई से वापस लौटते समय सिकंदरा के चौराहे पर फिर नक्शा खोला गया (कः पन्थाः ?)। जाते समय ही 'यायावर' ने ड्राइवर से पूछा था, ''सिकंदरा से बिहारशरीफ़ जानेवाली सड़क कैसी है ?'' ड्राइवर ने बिना जाने-बूझे ही कह दिया था—''बहुत रद्दी। इत्ता बड़ा-बड़ा रोड़ा है रास्ते में। कच्चा है...।'' किन्तु 'यायावर' की समझ में यह बात नहीं आ रही थी कि पुरानी सड़क को रद्दी क्यों बना दिया गया जबकि नई-नई सड़कें खुलती हैं...पुरानी सड़क की तो और अच्छी अवस्था होनी चाहिए। अतः सिकंदरा पहुँचकर हमने 'बस कंडक्टरों' से पूछा। मालूम हुआ, सड़क की हालत बहुत अच्छी है। चौराहे पर पहुँचकर गाड़ी रोकी गई—हम पढ़ने लगे, यहाँ से बिहारशरीफ़ कितनी दूर है, नवादा कितने माइल...कि पासवाली दुकान से एक आदमी दौड़कर आया। देखने में वह 'रोड सरकार' यानी 'सड़क का चौकीदार' की तरह लगता था—नाटा, चेहरे पर चेचक के दाग, खाकी 'हाफ-शर्ट' पहने और हाथ में एक छोटा-सा डंडा। लपककर उसने पूछा—''ह्वाट ? ह्वाट ?''

उसके गले की आवाज़ सुनकर ही समझ गया—गाँजा ! फटी और बुझी हुई आवाज़ में उसकी अंग्रेजी समझ में नहीं आई। उससे पूछा—''भाई, बिहारशरीफ़ जानेवाली यह सड़क कैसी है ?''

''दिस रोड इज़ बेटर।'' उसने जवाब दिया।

चाय की दुकानों पर बैठे हुए लोगों को हँसते-मुस्कराते देखकर समझ गया कि यह आदमी यहाँ का 'मसख़रा' है। अज्ञेय जी ने कहा—''अरे भाई, आप अंग्रेजी में क्यों बोल रहे हैं ? हम तो हिन्दी में पूछ रहे हैं ?''

बात पूरी होने के पहले ही उसने जवाब दिया—''क्योंकि मेरा जन्म अंग्रेजों के समय हुआ था।...यैस। बार्न इन इंग्लिश राज। माइ नेम ?...लाला एजेंट ! यैस...थैंक्यू...सैल्यूट।''

हम बहुत देर तक हँसते रहे।...सिकंदरा चौक पर, चाय की दुकानों पर बैठे हुए लोग भी बहुत देर तक हँसते रहे होंगे। यदि अज्ञेय नहीं होती तो मैं यहाँ रुक जाता। तीसी के तेल में पकते हुए उरीद के गरम-गरम पकौड़े...काली-काली केतलियों की टोंटियों से अनवरत निकलते हुए भाप...चुरमुरे...गपशप चारों ओर के...बसों पर चढ़ते-उतरते लोगों के चेहरे...गाँजे का धुआँ और लाला एजेंट की मसखरी...!

अपनी डायरी में नोट कर लिया हैः यहाँ फिर कभी आना है।...राह-चलते, एक-दो सेकंड के लिए कोई मिलता है और हमारे मन को गुदगुदाकर हँसा देता है। ऐसे लोग बहुत बार मिलते हैं। उनकी याद एक-एक कर आती है...।

"दिस रोड इज़ बेटर !"

'यायावर' के नक्शे में अंकित सड़क के दोनों ओर पुराने पेड़ों की पंक्तियाँ–पुरानी सड़क की यादगारी हैं। नई सड़क बनी है। बाईं ओर पेड़ों की दुहरी पंक्तियाँ और दाहिनी ओर दूर तक फैले हुए खेत !...अगहनी-साँझ की महक पहली बार मिली।

सचमुच, यह सड़क बेहतर है। दोनों ओर के गाँव में पुआल के ढेर लगे हैं। धान की दबनी हो रही है। गाँवों की ओर लौटते हुए पशुओं के रोम-रोम पुलकित हो रहे हैं। सड़क के आसपास आने-जानेवाले प्राणियों के चेहरे पर नमी दिखलाई पड़ती है। अगहनी धान के नए चूड़े की और गुड़े की मिली-जुली गंध–जलते हुए पेट्रोल की गंध पर रह-रहकर छा जाती है। बोधगया से जमुई तक की सूखी-दरकी धरती और सूखे-भूखे प्राणियों को देख-देखकर जलती हुई आँखों में कोई अंजन लेप गया। मानों इस 'पट्टी' में (बेल्ट को क्या कहेंगे ?) धान की अच्छी खेती हुई है।...रबी की हरियाली गोधूलि के रंग में घुल-मिलकर तन-मन में समाने लगी।...

सामने, यानी ठीक पच्छिम में–राजगिर पहाड़ियों की चोटियों पर–तुरत डूबे हुए सूरज की किरणों के रंगीन परस ! पीछे, पूरब की ओर पूर्णिमा के एक दिन बाद उगनेवाले चाँद के उगने की ख़बर !...'अज्ञेय' जी को बचपन की बातें याद आने लगीं। पिता, माता और भाइयों की यादें !

मितभाषी 'अज्ञेय' एकाएक मुखर हो उठे। लगा, टेपरेकार्डर पर 'टेप' बजाकर 'संस्मरण' सुन रहा हूँ... !

...तीस-चालीस साल पहले, इसी इलाके में पुरातत्त्ववेत्ता श्री हीरानन्द शास्त्री धरती की खुदाई करवा रहे हैं। मिट्टी के नीचे से निकलनेवाली सही-टूटी मूर्तियों के होंठों पर अंकित मुस्कराहट को देख-परखकर इतिहास के पुराने पृष्ठों पर फिर से कुछ लिखते जाते हैं।...आज यहाँ, कल वहाँ–कैंप की ज़िन्दगी !

...बालक 'अज्ञेय' अपने भाइयों के साथ बिहारशरीफ़ बाज़ार आया है नाटक देखने–पहली बार। सत्य हरिश्चन्द्र नाटक। खेल देखकर रोया है। और, लौटते समय–बिहारशरीफ़ से नालन्दा के बीच–सभी भाई डाकुओं के हाथ में पड़ जाते हैं। डाकुओं ने बैलगाड़ी के गाड़ीवान और नौकर को बाँध दिया और 'अज्ञेय-बंधुओं' को अपने साथ लेकर चले। भाई लोग डरे, रोए। डाकुओं ने धमकी दी,

चुप हो गए। किन्तु, 'अज्ञेय' को लग रहा था कि वह 'नाटक ही देख रहा है। अन्त में, सत्य की ही जीत होगी। और हुई भी। डाकुओं को न जाने कैसे सुबुद्धि आई–आपस में कुछ सलाह करने के बाद बच्चों को गाड़ी के पास पहुँचा दिया !

'स्मृति-कथा' सुनते समय रह-रहकर मेरी आँखों के सामने अख़बारों में प्रकाशित होनेवाले आजकल के समाचारों की सुर्खियाँ साया हो जातीं...बिहारशरीफ़ के पास टैक्सी रोककर मुसाफिरों को लूट लिया गया...कल शाम को हजारीबाग की ओर से आनेवाली 'बस' को रोककर डाकुओं ने यात्रियों का सबकुछ छीन लिया...!! किन्तु, डरा नहीं। अन्त में, सत्य की जीत होती है !

पीठ-पीछे चाँद उगा। 'आलो-छाया' का 'खेल' शुरू हुआ। सामने से आते ट्रकों और जीपों की रोशनियाँ, बैल-गाय-भैस-कुत्ते-सियार की जलती हुई आँखें... गाँवों में जलते हुए अलाव..., कस्बों की 'बिजली-बत्तियों की माला।

शायद मुझे नींद आ गई थी और चलती हुई गाड़ी में सपना देख रहा था। पता नहीं...पास बैठे गुमसुम सहयात्री से यह पूछने का साहस नहीं हुआ कि वह अभी अपने बचपन की कोई कहानी सुना रहे थे क्या ?

ऐसा ही भ्रम, डाल्टनगंज जाते समय हुआ !

पाली, विक्रम, अरवल के धनखेतों को देखते-देखते एकाएक ऐसा लगा कि हम भारतीय नृत्यकला-मन्दिर में बैठकर कुमारी वीणादास का 'मोहिनी अट्टम्' नृत्य देख रहे हैं : सोलहों सिगार करके मोहिनी अन्नपूर्णा सज-धज कर पायल झनकारती हुई इस खेत से उस खलिहान में जा रही है–थिरकती हुई। राबिंद्रिक किन्तु, गीत चल रहा है, आज सवारि रंगे रग मिसाते होबे।..आज रंग-सागरे तूफान उठे...काँचा-सबूज धानेर खेते...।

नहरी इलाके की सुजला-सुफला धरती शस्य के भार से दबी हुई-सी लगती है। जहाँ तक दृष्टि जाती है–धानी रंग की माया। प्रत्येक प्राणी के चेहरे पर पानी है, मन में रस है। धान काटकर लौटनेवाले मज़दूरों की चाल में मस्ती है। चरवाहे गीत अलाप रहे हैं। बच्चे-बच्चियों की किलकारियाँ सुनाई पड़ती हैं। भर-पेट चारा-पानी पाकर जानवर बैठे जुगाली कर रहे हैं।...यह सब भोर का सपना तो नहीं ? मैं बार-बार आँखें मूँदकर खोलता रहा। 'यायावर' अन्नपूर्णा की इस छवि को जी भरकर निहारने और आँकने के लिए गाड़ी से उतरकर खेतों के बीचवाली मेंड़ पर चले गए हैं।

जवान मुसहर और मुसहरनियों की टोली धान काट रही है–'निहुर' कर। मालिक-किसान कंधे पर बड़ी लाठी (जिसे 'गोजी' कहते हैं यहाँ) लेकर मेंड़ पर बैठा तलहथी पर खैनी मल रहा था और रसभरी 'बतियाँ' सुनाकर मज़दूरों का

मनोरंजन कर रहा था। हमें देख बोला—"अरे, फोटो लेना है तो चले जाइए मन्दिर में। बहुत-से नागा लोग आए हुए हैं।" हमारी ओर से कोई जवाब न पाकर उसने ड्राइवर गणेश से कहा—"का हो डलेवर साहेब ? गाँजा-वाँजा नहीं है पल्ले में ? एक चिलम चल जाए, तब तक।"

कौन कहेगा कि बिहार में सूखा और अकाल है ?...यह कैसी माया (कहीं धूप कहीं छाया।)...औरंगाबाद के बाद फिर धरती की झुलसी हुई लाश पड़ी मिली ! कुरूप, कुत्सित, भूखंड...

आकाश में छाए सलेटी रंग के बादलों का रंग और भी गाढ़ा हो गया। पहाड़ियों की घुमावदार घाटियों के तीखे मोड़ शुरू हुए और आसमान झरने लगा। 'यायावर' के कैमरों को छुट्टी मिली।...मृदंगम् ! मोहिनी अट्टम गाड़ी के इंजिन से लगातार एक नया सुर निकल रहा है—चढ़ाई-उतराई के समय देह में गुदगुदी लगती है।...'अज्ञेय' रह-रहकर डायरी में कुछ लिख लेते हैं।

घनघोर वृष्टि लेकर हम डाल्टनगंज पहुँचे, छह बजे शाम। डिप्टी कमिश्नर डॉ. कुमार सुरेश सिंह के बँगले पर सात बजे। डेढ़ घंटे तक, सारे जिले की स्थिति और समस्याओं पर प्रकाश डालते हुए डी.सी. साहब ने बार-बार कहा—बुरे दिन तो अब आनेवाले हैं !

किसी नई जगह में रात में पहुँचना मुझे हमेशा अच्छा लगता है। सुबह सूरज की रोशनी में नई जगह का रूप धीरे-धीरे उजागर होता है और एक अमिट छाप छोड़ जाता है, मन पर। किन्तु, सुबह झड़ी लगी हुई थी। सब कुछ ढँका-ढँका हुआ था।

सबकुछ इसी तरह रहता तो अच्छा होता। हम कहीं नहीं जा पाते। कुछ नहीं देखते। गया और जमुई के गाँवों में खेतों में लड़ते हुए लोगों को देखकर बल मिला था। भूखी औरतों और बच्चों की आँखों में क्रोध की चिनगारी देखकर मन में एक श्रद्धा-सी उमड़ आई थी। किन्तु पलामू में जो कुछ देखा...?

...24 जुलाई, 1966 को सुखाड़ी महतो ने भूख-प्यास से डाल्टनगंज में दम तोड़कर भूखमरी की घोषणा कर दी। 26 जुलाई को सुखदयाली भूइयाँ। 27 को जित्तन भूइयाँ।

...मन्नू माँझी की औरत। एक औरत तीन बच्चों के साथ कूप में गिरकर मर गई। एक अज्ञात व्यक्ति...एक औरत...एक बच्चा... !!

दिन खुला। हम गाँवों की ओर निकले। बसना गाँव में भारत-सेवक समाज की ओर से 'मुफ़्त लंगर' चालू किया गया है। डी.सी. उदघाटन करेंगे। आयोजकों ने हमें भी निमन्त्रित किया है।

बसना पहुँचकर देखा, सैकड़ों भूखी आत्माएँ एक जगह एकत्रित होकर हाकिम के आने की प्रतीक्षा कर रहीं हैं।...रोटियाँ सिंक रही हैं। भाजियाँ कतरी जा रही हैं। प्रवेश-द्वार पर अशोक के पत्ते बाँधे जा रहे हैं। 'माइक' टेस्ट किया जा रहा है। भाषण देनेवालों के नाम नोट किए जा रहे हैं। कौन स्वागत करेगा, कौन धन्यवाद देंगे—सब ठीक किया जा रहा है। और भूखों की भीड़ रह-रहकर सड़क की ओर देखती है—'इस गाड़ी से कौन आए ?'

गया और मुंगेर के लोग हाथ-पाँव मार रहे थे। उबरने की जी-तोड़ कोशिश कर रहे थे। यहाँ लोग हिम्मत हारकर—अपने को छोड़ दिया है...अब जो हो ! क्या चारा है ! हर आदमी के चेहरे पर मौत की छाया, जिसे देखकर अब वे डरते नहीं। डर-भय, सुख-दुख, भूख-प्यास, हँसी-रुदन कुछ भी नहीं।...ठहर जाइए। प्यारे भाइयो ! अब आपके सामने श्री...रिपोर्ट प्रस्तुत कर रहे हैं। इसके बाद प्रीतिभोज। ज़रा सब्र कीजिए।...बैठ जाइए। खड़े हो जाइए। इधर भीड़ मत लगाइए। सुनिए...प्यारे भाइयो !

...ये लोग कौन हैं जो 'प्यारे भाइयों' को इस तरह 'प्यार' से सम्बोधित करके समझा रहे हैं ? क्या यह ये नहीं जानते कि 'प्यारे भाइयों और बहिनों' को भाषण सुनाना व्यर्थ है ?

अति-नाटकीय ढंग से एक महिला (जो निश्चय ही अध्यापिका होगी) हाथ में माला लेकर बेसुरी आवाज में—''नैनों के तारे हमारे पधारे—हृदय में हमारे'' गाती हुई प्रकट हुईं। मुझे लगा, डी.सी. साहब अब रोकेंगे। लेकिन, हम कुढ़ते रहे और वह महिला एक-एक पंक्ति पर एक-एक पग बढ़ाती गाती रही।...उसके हाथ की माला...उसकी नायलन की साड़ी...उसके गीत की पंक्तियाँ—वातावरण को और भी कुरूप बनाती रहीं।

अन्त में, पत्तल पड़े। हर पत्ते में एक रोटी और एक मुट्ठी सोयाबीन की घुघनी।...'यायावर' तसवीरें खींचने में व्यस्त हैं। उनका कैमरा जिस पंक्ति की ओर मुड़ता है—उधर के पत्तों में रोटी तुरत डाल दी जाती है।...जिसके पत्ते में कुछ नहीं पड़ा है, वह माँग नहीं रहा है कुछ। चुपचाप देख रहा है। बच्चे टूट पड़े हैं मगर किसी ओर न हँसी है, न खुशी।

मैंने जीवन में ऐसे लोगों की भीड़ कम देखी है, चलते-फिरते मुर्दों की टोली। मुझे लगा, मुँह में ग्रास डालकर चबाते हुए बिना कोई स्वाद पाए ही लोग निगलते जा रहे हैं।

आयोजकों में से एक 'चौधरी क़िस्त' का आदमी किसी कार्यकर्त्ता से कह रहा था : ''साइनबोर्ड का कपड़ा ठीक से खींच दीजिए।...फोटो में ठीक से नाम उतरेगा

नहीं।"

हम 'बसना' से भागे—पहाड़ी गाँवों की ओर। नावा, खेंगरा, केंडा, तुकबरो गाँव। जंगलों में झरबेरियों की झाड़ियों के नीचे खड़ी निराश औरतें। 'गेंठी' खोजते हुए जवान...।

ओकराहा गाँव के रत्तूसिंह ने हमें प्रेम से पाँच बेर लाकर दिए। 'बसना' में जो कुछ देखा था—रत्तूसिंह की एक सरल मुस्कराहट ने ही सबको पोंछ-मेट दिया। उससे पूछा गया कि जब यह बाजरा भी नहीं मिलेगा तो क्या करोगे ? क्या होगा ?

उसने उसी तरह सरलता से जवाब दिया—"होतै की ? खायला न मिलतै—त मरतै।" खाने को नहीं मिलेगा, तो मरेंगे। और क्या होगा ?...और क्या होगा ?

रत्तूसिंह मर जाएगा तो क्या होगा ? इतने लोग मर गए तो क्या-क्या हुआ ?...क्या होगा ? कुछ नहीं होगा।

●●●